女性施設ジャーナル

JOSEI SHISETU JOURNAL

8

2003年版

学陽書房

2003年版

発行に寄せて

財団法人
横浜市女性協会理事長
藤井紀代子

女性施設ジャーナル8号は男女共同参画時代の相談事業について、特集しました。

二〇〇二年四月に全面施行されたDV防止法（配偶者からの暴力の防止及び被害者の保護に関する法律）により、各都道府県は、配偶者暴力相談支援センターを設置することが義務づけられました。すでに、男女共同参画社会基本法を受けた条例の制定により苦情処理機関の相談窓口を女性センターに設置する自治体も増えています。

このような女性センターの相談事業を取り巻く状況の変化を踏まえながら、これまで女性センターが担っている相談事業と、DV相談や苦情処理に関わる相談との役割や機能の違いについて整理をしてみました。条例による相談とDV相談支援センターの機能をあわせもつ総合相談室、条例に基づく性別による差別等の相談、民間シェルターが核となって広がる支援のネットワークなど現場からの報告も紹介します。

これからの相談事業、そして女性施設のあり方を考えるうえで、本号をご活用いただければ幸いです。

なお、8号まで発行してきた女性施設ジャーナルも一定の使命と役割を果たしたと考えますので、今号をもって休刊とさせていただきます。長年にわたる関係者の皆様のご支援とご協力に心から御礼申し上げます。

女性施設ジャーナル⑧　もくじ

何が変わる？女性センターの相談事業

男女共同参画社会基本法の制定やＤＶ（ドメスティック・バイオレンス）防止法（配偶者からの暴力の防止及び被害者の保護に関する法律）の施行に伴い、配偶者暴力相談支援センターや苦情処理機関の相談窓口を女性センターに設置する自治体が増えています。

このような動向を踏まえて、本号では、従来の女性センターの相談事業とＤＶ相談や苦情処理に関わる相談との違いを明らかにし、男女共同参画時代の女性センターの相談事業はどうあるべきかを考えてみたいと思います。

最初に女性センターの相談事業について整理したいと思います。これまで女性センターが担ってきた相談事業の特徴とはどのようなものでしょうか。

女性センターにおける相談事業の特徴は大きく分けて三つあります。

第一の特徴は、女性の抱える問題や悩みをジェンダー（社会的・文化的につくられる性差）の視点でとらえ直し、再定義することにあります。

伝統的・固定的なジェンダー意識の根強い社会のなかで生きているために、多くの女性が、自分の感性や価値観や希望と、現実とのズレに悩んでいます。女性の悩みは、たんにその人固有の悩みであるというだけでなく、女性が置かれている社会的な立場によって生じていることが多いのです。そういう観点から、その人の悩みを生い立ちや生活環境、社会構造に照らし合わせて整理し直す、つまり再定義することが、女性センターの相談事業の大きな特徴です。

たとえば、夫から暴力を受けていても、かつては家庭内のことだからと誰も取り合ってはくれませんでした。また、妻の側も悩みつつも、自分が悪いのではないかと自分を責めたり、自分が選んだ相手だから仕方がないと諦めていました。しかし、ドメスティック・バイオレンス（以下、ＤＶ）という言葉が一般的になるにつれて、「夫からの暴力は妻への人権侵害である」という観点からの社会的な認知が高まりました。女性の側も解決しなければならない問題として認識できるようになりました。DVはジェンダーという視点をあてることによって問題を顕在化させることができた例の一つです。女性センターの相談事業では、このようにジェンダーという視点から問題を整理し、新たな定義づけを行うことによって、女性の潜在的な力を引き出し、女性自身の問題解決をサポートしてきました。

二つ目の特徴は、女性の生活や生き方全般にかかわる相談を受け付ける、ということです。行政機関には、ほかにも市民相談や法律相談、教育相談など種々の相談事業があります。それらは問題（テーマ）別に区分けされています。そのため、相談に行っても、「その問題はここでは扱っていません」と断られることもあります。ましてや、「何をしたらいいかわからない」「なんとなく生きていくのが辛い」というような曖昧な話を聞き、どこに問題があるかを一緒に探ってくれるところはあまりないのが現実です。しかし、女性センターの相談事業の場合は、どのような問題（テーマ）であっても、まず話を聞くという姿勢で対応します。つまり、女性がひとりの人間として生きていくうえで抱えているさまざまな悩みをしっかりと受け止める間口の広い入り口だということがわかります。それが「女性のためのなんでも相談」と言われる由縁です。

そして、三番目の特徴は、たんに相談を受けるにとどまらず、女性センターのもつ機能や施設を有機的かつ総合的に活用することにあります。

相談事業を行っている女性センターでは、女性センターの相談員が担当する電話相談、面接相談のほか、弁護士や医師などの専門家による相談も多く行われています。グループ相談は必ずしもどの女性センターでも行われているわけではありませんが、最近では、複数の相談者が専門家を囲んで話し合うグループ相談会やアサーティブネス・トレーニングなどのワークショップを開くところも増えています。また、共通の問題をもつ相談者が互いに支え合うサポートグループや自助グループの支援を行っているところもあります。さらには、相談ニーズの高いテーマについて、講座やセミナーを開く女性センターは少なくありません。もちろん、女性センター内でこうした連携、協力が行われるだけでなく、相談内容や状況によっては、外部機関を紹介する場合もあります。

女性センターの相談は間口が広い分、出口の選択肢も多様です。女性センターには、相談者からまず電話で話を聞いたあと、これら女性センター内外の資源の中からその人にふさわしいものにつなげていくというやり方をしているところもあります。

さらに加えるならば、女性がひとりの人間として生きていくうえで抱えるさまざまな悩みを、共感という立場でしっかりと受け止めることも、女性センターの相談の特徴の一つです。こんなことを相談してもいいのだろうか、こんなことで悩む自分はおかしいのだろうか、自分が我慢をすべきなのかなど、相談に来る女性は皆、社会の価値観に影響され揺れ動いています。まずその気持ちを理解し、共感することが女性たちからの大きな支持を受けたのではないかと思います。

女性センターの相談はどこも非常に混んでいる、といわれていますが、相談件数はどのくらいあるのでしょうか。また、なぜそれほど利用されるのでしょうか。

確かに、女性センターの相談が混雑しているのは事実です。たとえば大阪府のドーンセンター（大阪府立女性総合センター）では、年間およそ六〇〇〇件の相談があります。内訳は相談員による電話相談が三七〇〇件以上、面接相談が一七〇〇件程度、残りが弁護士や医師、保健師等による専門相談となっています。かながわ女性センターでも年間一一〇〇〇件、東京ウィメンズプラザでは八二〇〇件と、特に都市部の女性センターには大変多くの相談が寄せられています。全国女性会館協議会の調査[★1]によれば、相談事業を実施している女性センターの約三分の一が、年間一〇〇〇件以上の相談を受けています。

しかし、これも全国の女性センターに共通していることですが、十分な人数の相談員を配置できているところはありません。そのため、相談しようにも電話がつながらない、あるいは面接も順番待ちといった状態の相談室も珍しくありません。

そういった混雑ぶりが地元の議会で問題になった女性センターもあります。その女性センターでは試みに、回線が塞がっている時に「ただいま混み合っていますので、おかけなおしください」という録音テープを流し、その回数をカウントしたところ、相談を受け付けた件数をはるかに上回っていたことがわかりました。そこで、電話相談は一件三〇分以内にする、その際に聞く項目はこれとこれにする、というような内容のマニュアルを作成しました。しかし、効率化が図られて相談件数が若干増えたものの、電話がかかりにくい状態を緩和するにはいたっていないといいます。

なぜ、女性センターの相談はこれほどまでに混雑しているのでしょうか。

その理由は、先に述べた女性センターの相談事業の特徴と重なるわけですが、その中でもとくに、そこが共感や励ましをもって話を聞いてくれるところだという認識が広まってきたということがあります。相談者の落ち度を指摘したり、教え諭したりということではなく、まず受け止める。そのうえで相談者自身が自ら問題解決の方向を導き出すようエンパワーしていく。そういう場があることは、悩みを抱える女性にとって非常に心強いことです。その安心感が女性センターへの相談につながっているのではないかと思われます。

二つ目の理由としては、相談者にとっての匿名性が担保されやすいということです。女性センターは講座事業も実施していますし、図書コーナーがあったりもします。ですから女性センターに通っても相談に来ていると悟られずにすむということが、悩みを抱える相談者にとっては大きな安心につながります。自分の住んでいる市や町に相談事業を行っている女性センターがあれば、もちろんそちらに行く人のほうが多いのですが、中には列車を乗り継いで遠くの女性センターまで通う人もいます。これもプライバシーを守りたいという気持ちの現れと考えられます。

三つ目は、大都市圏に設置された女性センターは一般的に規模が大きく、相談事業も自前の相談員のほか弁護士や医師など専門相談の機会もあり、そうした相談への期待感と思われます。それが、東京や大阪など大都市圏の女性センターの相談件数増につながっているものと思われます。

さらに、女性センターのなかには、行政機関の窓口が閉まる土曜日や日曜日、あるいは週日の午後五時すぎも相談窓口を開けているところがあります。相談する側にとっては、これは大変心強いことです。そのため、そういうところに相談が集中する傾向があります。それほど混むなら、もっと相談員を増やしたり、相談時間を延長してはどうかという意見もありますが、女性センターの限られた予算の中で相談事業だけを大きくするわけにもいきませんし、また増やせば増やしただけ相談ニーズを掘り起こし、混んでいる状況は解消しないといった実例もあります。つまりその相談の適正規模を計るのは非常に難しいのが現状です。

> ところで、二〇〇二年四月に全面施行されたＤＶ防止法により、各都道府県は、配偶者暴力相談支援センター（以下、相談支援センター）を設置することが義務づけられましたが、相談支援センターとはどのような役割を担うところですか。

ＤＶ防止法が相談支援センターの設置を義務づけているのは、各都道府県に対してです。法律の制定過程では、被害が深刻で緊急避難が必要になることを考えると相談者にとって身近な市町村に相談支援センターがあることが望ましいのではないかという意見もありましたが、まずは、売春防止法による婦人相談所同様、都道府県で設置することが義務づけられました。

また、相談支援センターは法律では「機能」として位置づけられています。DV防止法の第三条に相談支援センターは以下のように定められています。「都道府県は、当該都道府県が設置する婦人相談所その他の適切な施設において、当該各施設が配偶者暴力相談支援センターとしての機能を果たすようにする」。したがって、各都道府県は新たに施設・機関をつくるのではなく、婦人（女性）相談所や女性センターなど既存の施設・機関に、相談支援センターの機能を付加して、その役割を果たすというわけです。

DV防止法では、相談支援センターの機能として次の六項目をあげています。

①被害者に関する各般の問題について相談に応じること、または婦人相談員もしくは相談を行う機関を紹介すること

②被害者の心身の健康を回復させるため、医学的または心理学的な指導その他の必要な指導を行うこと

③被害者（被害者がその家族を同伴する場合にあっては、被害者およびその同伴する家族）の一時保護を行うこと

④被害者が自立して生活することを促進するため、情報の提供その他の援助を行うこと

⑤保護命令制度の利用について、情報の提供その他の援助を行うこと

⑥被害者を居住させ保護する施設の利用について、情報の提供その他の援助を行うこと

これらの役割のうち③の一時保護に関しては特に、婦人（女性）相談所が自ら行うか、厚生労働大臣が定める基準を満たす者（民間女性シェルターなど）に委託して行うという規定があります。そのため、自治体によってはＤＶの総合相談窓口を女性センターに、緊急相談窓口を婦人（女性）相談所に置くなど、既存の機関に役割を振り分けているところもあります。

内閣府の調査によれば相談支援センターの機能を担う女性センターは東京ウィメンズプラザやかながわ女性センターなど全国に一二か所あります。そのなかには、大阪府の場合のように、女性相談センターが相談支援センターの主たる業務をおこなうものの、ドーンセンターと子ども家庭センター（児童相談所）にも、従来の相談とは別に、ＤＶ相談の窓口を置き、利用者のアクセスをしやすくしている例もあります。

女性センターの相談が大変混雑していることはわかりましたが、さらに相談支援センターの機能も担うとなると、ますます相談事業が膨れ上がるのではないでしょうか。にもかかわらず、女性センターが相談支援センターを引き受ける意味は何でしょうか。

相談者の側に立って考えると、最も大きなメリットは、女性センターがすでに女性にとって安心できる身近な相談機関として定着していることです。女性センターの相談の中では、DVが占める比重は非常に高くなっています。市町村の女性センターでも、たとえば横浜女性フォーラムの総合相談室では、二〇〇一年度の相談件数六四九一件のうち、DVに関するものが第一位で、全体の三三%を占めています。最近は警察でもDVの被害を訴える女性に丁寧に対応するようになりましたが、女性たちにとって警察に駆け込むことはかなり勇気がいります。また、婦人相談所については、その存在は一般にはあまり知られていません。その意味でも身近な女性センターがDVの相談を受けることができるというのは、地域に暮らす女性にとってうれしいことです。

女性センターの相談事業は女性センターが自ら実施する情報提供や講座事業と協働してなりたっていますし、その一方で、地域にあるさまざまな社会資源と連携して、相談者の問題解決にあたります。こうした蓄積はDVの相談についてもたいへん有効に働くものと思われます。繰り返しになりますが、女性センターはもともと女性の自立支援とジェンダー格差の是正を目的としてつくられていますから、女性の心とからだ、経済的自立、子どもの問題など、女性に関わる情報が幅広く蓄積されており、専門のスタッフもいます。ＤＶの問題はたんに一時的に夫の暴力から逃れるだけでなく、相談者自身が元気を取り戻し、これからの生活をどうするかについても方向を定めていく必要があるので、女性問題全般を見渡す幅広い視野で相談にのれる女性センターは、まさにうってつけであるという声もあります。

一方、女性センターの側から見ても、相談支援センターの機能をもつことは意義のあることです。女性センターの中には、最近、自治体の男女共同参画条例などで共同参画推進の拠点施設として位置づけられるところが出てきましたが、多くの女性センターはそうした法的位置づけがないままに設置されているというのが現状です。東京都の例をあげるまでもなく女性センターを巡る社会経済状況が厳しい中で、相談支援センターとしての役割や、後述する苦情処理機関としての役割などを引き受けることで法的根拠を得ることは、女性センターにとっては基盤の強化につながるといえましょう。

しかし、現状のままで女性センターが相談支援センターの機能を担うには、大きな問題もあります。従来の相談事業に加えて相談支援センターを引き受けるわけですから、まず、そのための人材、具体的には相談員の確保が必要です。ＤＶ相談は緊急時には夜間でも対応しなければならないことがあります。しかも複雑で対応に時間がかかるケースが多い。そうした相談を受ける体制をどう整えていくのかも大きな課題です。

また、安全性の確保の問題もあります。ＤＶは殺人事件に発展しかねない危険性をはらんだ犯罪です。内閣府の調査[★2]で、「命の危険を感じるくらいの暴力を受けた」経験のある女性が、四・六％もいたということがその証左ですし、最近では加害者の暴力が被害女性のみならず、その身内の方に及ぶという例も少なくないことが報道されています。

ＤＶの加害者と被害者を同席させないようにすることは、弁護士の間ではかなり一致した認識になりつつあります。家庭裁判所などでもそうした配慮が行われるようになりました。女性センターが、ＤＶ被害者対応の主たる施設とされると、男女だれでもが自由に出入りするという施設の目的からみて、加害者のスクリーニングが不可能となり、相談に来たＤＶの被害者やその相談を受ける相談員の安全を確保することはもちろんですが、一般利用者への安全対策も必要になってきます。女性センターが相談支援センターを引き受ける場合は、セキュリティについても十分な配慮が必要です。内閣府がまとめた「『配偶者からの暴力の防止及び被害者の保護に関する法律』の円滑な施行について」（二〇〇一年）にも、関係施設の体制整備の項に「加害者が、被害者の居所を探すため、支援センターに乗り込んできたり、相談者を装って施設内に入ってくることも十分考えられることから、都道府県の支援センターに必要な警備体制を確立できるよう、施策を推進することが必要である」と指摘されています。相談支援センターの機能を担うことで、他の利用者が安心して利用できなくなったり、他の活動が制約されては本末転倒になります。

相談支援センターの機能や課題はわかりましたが、それは、これまでの女性センターの相談業務と何が異なるのでしょうか。

相談支援センターが担う機能として、DV防止法は前述した六項目をあげています。このうちのいくつかは、これまでの女性センターの相談事業がすでに対応してきたことです。

たとえば、DV防止法施行以前から、各地の女性センターはDVの被害を受けた女性の相談を受けてきました。これは、同法の定める機能の①「被害者に関する各般の問題について相談に応じること」にあたります。DV被害に関する相談を受けることは、被害者への支援の第一歩であり、女性センターが最も得意としてきた分野でもあります。

さらに、女性センターでは、DV被害者に対しさまざまな情報提供も行ってきました。もちろん、相談員の数や相談業務の規模など、女性センターの事情によってできる範囲に違いはあったでしょう。それでも、①の「(婦人相談員もしくは)他の相談を行う機関を紹介」することや④の「被害者が自立して生活することを促進するため、情報提供を行う」こと、⑥「被害者を居住させ保護する施設の利用について、情報提供を行う」ことなどには、対応してきました。

一方、女性センターでは対応が困難だったこともあります。その一つは、「被害者の心身の健康を回復させるため、医学的または心理学的な指導その他の必要な指導を行う」ことです。これは、すべての女性センターで対応可能だったわけではありません。とりわけ「医学的な指導」を行うことができる女性センターは、ほとんどなかったといっても過言ではないでしょう。ドーンセンターのように女性総合相談として、女性医師による相談やセラピストの役割を担えるフェミニスト・カウンセラーや臨床心理士を相談員として配置しているところもあります。しかし、こうした女性センターは極めて少数です。

次に、従来の女性センターの相談事業が担っていなかったあるいは求められていなかった役割は何か、前述の六項目に沿って考えてみます。まずは、③の一時保護がこれにあたります。もう一つは④、⑤、⑥の各項にある「その他の支援」です。

そもそも、DV防止法は、「その他の支援」がどういうものか、具体的には明記していません。もし、同行サービス（被害女性に付き添って役所の窓口や裁判所に出向いたり、自宅に必要な荷物を取りに行くこと）などの実際的な支援を想定しているとしたら、これもまた、従来の女性センターが求められてきた役割とは異なります。

これまで、一時保護を含むこれらの支援はNPOなどを中心として行われてきました。女性センターに相談支援センターを置くのなら、こうした支援も女性センターが積極的に担うほうがいいという意見もあります。その一方で婦人（女性）相談所と機能を分担した方がより効果的な支援が行える、と考える人も少なくありません。ＤＶに関しては、従来の女性センターが得意としてきた相談を中心に情報提供に的を絞った方がいいというものです。相談と相談に伴う情報提供はＤＶ被害者への支援の入り口であり、女性センターが、今後も、最も力を発揮できる支援の一つでしょう。

しかし、情報提供に関しても、女性センターならではの課題があります。情報提供をより効果的に行うためには、これまで以上に地域の関連団体や組織との連携を強化する必要があるからです。他機関との連携に関する限り、女性センターの相談事業は他の相談機関と比べて、一定の成果をあげているとは思いますが、まだまだ十分ではありません。

というのも、ＤＶ相談に対する支援は、病院や警察、弁護士や裁判所、福祉の分野、ＮＰＯなど、あらゆる社会資源を結び付けて、それらを活用していく必要がありますが、女性センターは行政内での位置づけが一定ではなく、措置権をもたないので、連絡調整的な役割が中心になるからです。

また、ＤＶ防止法が定める支援の範疇には入りませんが、支援は、被害者にとどまらず加害者側へのアプローチ、つまり、更正プログラムも必要ではないかとの意見もでています。実際、女性センターの中には、すでにそのためのプログラムを進めているところもあります。意識啓発、自立支援は女性センターに課せられた大きな役割の一つです。ＤＶは女性に対する男性の所有意識・支配意識の問題であると同時に男性自身の依存性の問題であると考えられています。その意味では、男女共同参画センターとしての役割を担う女性センターとしては、男性に対する人権意識の啓発も重要なプログラムの一つかもしれません。

しかし、それを加害者の「男性」に対する更正プログラムとして考える場合、女性センターが男性向けにDVに関するプログラムを行うか否かについては、今日ではまだ考え方が大きく分かれています。なぜなら、アメリカなどで実施されている更正プログラムは、いわゆる意識啓発事業ではなく、保護観察制度と一体となっています。加害者が刑を受ける形態として受講を義務づける強制力をもったものだからです。言い換えるなら、このプログラムは、女性への暴力に対する罰則でもあるのです。そうした法体系がない日本では、たとえ男性向けに講座を実施しても強制力がないわけですから、その実効性には疑問が残るし、女性に対する暴力を罰することにもならない、という問題点があります。ですから、女性センターを含む相談支援センターは、加害者の更正よりも、現に支援を求めている被害女性の緊急性を要する課題に力を注ぐべきだという意見が出されています。こうした議論は、今後、DVの解決という観点から深めていかなければならない課題でしょう。

最近、自治体の中には、男女共同参画に関する施策等への苦情処理を受ける機関を女性センター内に設置するところが出てきました。そもそも男女共同参画に関する苦情処理機関とは何をするところですか。また、なぜ、女性センターが苦情処理機関として位置づけられるのでしょうか。

男女共同参画に関する苦情処理については、一九九九年六月に施行された男女共同参画社会基本法で、はじめて次のように定められました。その条項は第一七条「苦情の処理等」ですが、「国は、政府が実施する男女共同参画社会の形成の促進に関する施策又は男女共同参画社会の形成に影響を及ぼすと認められる施策についての苦情の処理のために必要な措置及び性別による差別的取扱いその他の男女共同参画社会の形成を阻害する要因によって人権が侵害された場合における被害者の救済を図るために必要な措置を講じなければならない」としています。

すなわち、国は、①男女共同参画に関する施策についての苦情の処理と、②性別による差別等で人権が侵害された被害者の救済、を行わなければならないと規定されたわけです。特に、①の施策に関する苦情の処理については、「男女共同参画社会の形成の促進に関する施策」ばかりでなく、「男女共同参画社会の形成に影響を及ぼすと認められる施策」も対象になっている点が特徴です。このことは、男女共同参画社会の形成に直接的に関与していなくても、影響を及ぼす可能性のある施策に対しては、幅広く苦情の申立ができることを意味しています。いずれにしても、国は苦情の処理と人権の救済の二つのことを行うことが男女共同参画社会基本法で求められたわけですが、この二つの役割を担う機関を、便宜上、苦情処理機関と呼んでいます。

では、こうした役割を担う機関として、具体的にはどこを想定しているのでしょうか。男女共同参画社会基本法施行から三年余り過ぎた二〇〇二年秋には、国の男女共同参画会議の部会の一つである苦情処理・監視専門調査会が、苦情処理機関のあり方について意見書をまとめました。[★3]

それによると、苦情処理機関は第一に、相談支援センターのように都道府県単位でなく、市町村単位できめ細かく、しかも間口の広い相談ができるところ、第二に、地域における関係機関とのネットワークを構築できるところが望ましいと述べています。男女共同参画会議へ提出した意見書ですのでこれで確定ではありませんが、基本は女性センターの活用を考えているといっていいと思います。同じく意見書で、そうした各地の苦情処理機関に寄せられた申し出内容は国にフィードバックされ、男女共同参画会議をとおして施策に反映され、さらに、苦情処理・監視専門調査会において申し出内容が施策の改善に反映されたかどうかを調査する、という流れで進めるという構想が示されています。

つまり、苦情処理機関の場合も、最初の窓口として間口の広い女性センターの相談事業への期待が大きいのです。意見書には次のような文章が記載されています。

「……男女共同参画の視点から幅広い住民を対象に総合的な相談に応じてきた女性センター（男女共同参画センター）等を設置している地方公共団体においては、これを積極的に活用することが重要である。具体的には、これを第一次的な総合相談の窓口として国又は地方公共団体の苦情処理窓口に案件を適切につないでいけるようにすることが必要である。……」

議論の過程では、最初の窓口として、全国に五〇〇〇人いる行政相談員ややはり全国に一四〇〇〇人いる人権擁護委員を活用すべきだとの意見もありましたが、男女共同参画社会の形成に関する苦情処理及び性別による差別等を受けた被害者の救済ということになると、男女共同参画に関する見識とジェンダーに対する敏感な感性が求められ、女性センターの相談員の活用という意見に集約されてきました。

> 国の苦情処理についての進捗状況はわかりましたが、それでは、各自治体では男女共同参画に関する苦情処理を、具体的にはどのように進めているのですか。また、苦情処理機関に寄せられる相談とは、どんな相談なのでしょうか。

男女共同参画社会基本法を受け、名称は自治体によって異なりますが、いわゆる男女共同参画推進条例を制定する自治体が増えてきました。そしてその多くがその中で、男女共同参画に関する苦情の処理と人権の救済を行う機関を設置すること、あるいはその措置を講じることを定めています。いくつか例をあげましょう。

全国に先駆けて条例を制定した埼玉県では、「知事は、県が実施する男女共同参画の推進に関する施策もしくは男女共同参画の推進に影響を及ぼすと認められる施策についての苦情又は男女共同参画の推進を阻害する要因によって人権が侵害された場合の事案について、県内に住所を有する者又は在勤若しくは在学する者からの申出を適切かつ迅速に処理するための機関を設置するものとする」[★4]と定め、具体的には苦情処理機関として、県から独立した苦情処理委員による第三者機関を設置しました。

東京都は、「都民及び事業者は、男女平等参画を阻害すると認められること又は男女平等参画に必要と認められることがあるときは、知事に申し出ることができる」[★5]とし、申し出の窓口は男女平等参画室と東京ウィメンズプラザになっています。

また、鳥取県では「県民又は事業者の男女共同参画に関する苦情又は不服を簡易迅速に処理し、これらの者の権利利益の保護を図るため、付属機関として、鳥取県男女共同参画推進員を設置する」[★6]と定めています。

国の機関と同様、こちらも男女共同参画に関する苦情の処理と人権の救済を行う機関を便宜的に苦情処理機関と呼びますと、どのような苦情処理機関を置くかは、自治体によって異なっていいます。第三者機関を新たに設置するところもあれば、推進員制度を新設するところもありますし、女性センターの相談機能を活用するところもあります。さらに、苦情の処理を担当する職員または相談室を本庁の所管課に置くところなどさまざまです。

苦情処理機関を女性センター内に明確に設置した例として、横浜市があげられます。横浜市では横浜市男女共同参画推進条例で、「性別による差別等男女共同参画を阻害する要因によって人権が侵害されたと認める市民は、その旨を市長に申し出ることができる」（第一〇条〈相談の申出〉）として、さらに、このことについて必要が認められれば調査、要請・指導を行うことを定めています。そしてこの相談を申し出る機関として横浜女性フォーラム内に、性別による差別等の相談を受ける機関を設置しました。ここには苦情処理という言葉はありませんが、男女共同参画に関する苦情の処理と人権の救済を行う機関としての位置づけです。

では、苦情処理機関に寄せられるケースとは、どのようなものでしょうか。

苦情処理とは、その申し出を受けるところから始まります。苦情処理機関を設置している多くの自治体では、申し出のための書式を用意しています。申し出者の氏名、住所等と申し出の内容、つまり、いつ、どこで、誰からどのようなことをされて、それをどのように解決してほしいかを記述するようになっています。

これでおわかりのように、苦情処理機関で扱うケースは、これまで女性センターの相談事業が扱ってきた相談とはかなり違います。すでに女性センターの相談事業の特徴として、相談者の問題解決の方向を共に考える、匿名性が担保されやすい等をあげましたが、苦情処理は申し出者本人が住所・氏名を明記することはもちろん、何が問題か、誰に対してどうしたいのかを申し出の段階である程度整理していなければなりません。となると、夫からの暴力を受けて、これから先どうしていこうかという女性が、人権の侵害だからといって、いきなり自分の氏名や相手の名前を特定して申し出書を提出できるとは思えません。ＤＶに関していえば、まず身の安全を確保することが最優先され、次に相談者がなにを望んでいるか、相談ニーズを把握するという従来の女性センターでの相談事業、あるいは相談支援センターでの相談が、苦情処理機関への相談より適切であろうと思います。

離婚問題を例にとって、三つの機関、すなわち女性センター、相談支援センター、そして苦情処理機関が扱う相談の違いを説明しましょう。離婚するかどうか迷っている、離婚に直面して動揺しているなどの相談や、離婚したいけれども手続きがわからないなどの相談は、女性センターの相談事業が得意とするところです。離婚問題の背景に夫からの暴力があり、ＤＶに関する相談のほか保護命令など法的支援を受けたい場合の窓口としては、相談支援センターが有効です。一方の苦情処理機関は、離婚手続き、離婚相談に際し、行政や司法の担当窓口の対応が差別的で納得がいかない、改善してほしいといった場合に申し出をするところです。つまり、離婚問題に関する相談でも、制度や施策、機関、機能などに関する相談が苦情という形で取り上げられるわけの相談を例にあげれば、そのために会社に行くのが怖い、転職しようかどうしようか迷っているなどの相談は女性センターが対応しますが、相手に謝罪を求め、セクシュアル・ハラスメントを止めるよう指導・要請してほしいということであれば、苦情処理機関が扱うことになります。

こうした苦情処理機関を女性センターに設置する理由は、国が、男女共同参画に関する苦情の処理と人権の救済という二つの役割を担うところとして女性センターを想定している理由と重なります。すなわち、男女共同参画に関する見識とジェンダーに対する敏感な感性を磨きながら相談に応じてきた実績と、男女共同参画の視点から幅広い住民を対象に総合的な相談に応じてきた実績に期待がかかっているというわけです。

女性センターにとってのメリットもあります。女性センターが相談支援センターの役割を担うことと同様、苦情処理機関として位置づけられることは、国の法律や自治体の条例に基づく事業を行うこととなり、男女共同参画社会を形成していくための拠点施設としての位置づけを確かなものにする意味があります。

しかし、懸念される問題もあります。一つは予算措置の問題です。相談支援センターを引き受けた女性センターが例外なくこぼしているのが、新たな機能を付加したにもかかわらず、その予算措置が十分ではなかったことです。地方自治体の財政状況が好転しないなか、これまでの予算、スタッフを割いて新たな業務を引き受けているというのが現実です。苦情処理機関についてはこうしたことのないように願いたいものです。

もう一つは機関の独立性の問題です。前述したとおり、苦情処理は男女共同参画社会の形成を阻害する要因が対象ですから、自治体の施策や条例そのものに対して苦情が寄せられることもあります。そのようなケースの場合、公設・公営、公設・民営の女性センターがケースの検討や公表に際し、真に独立性を保てるかどうか、微妙な問題です。そう考えると、女性センターが事務局を担うとしても、苦情処理機関は行政から独立した第三者機関であることが望ましいのではないかという意見も出ています。

> 相談支援センターや苦情処理機関の役割を担うことで、今後、女性センターの相談事業に何か変化はあるのでしょうか。あるとしたら、それはどのような形が望ましいのでしょうか。

女性センターが相談支援センターや苦情処理機関の役割を担うようになっても、女性センターの相談事業のあり方は基本的にはそれほど変わらないでしょう。むしろ、いまだにジェンダー格差が是正されていない状況を見ると、変わらないようにすることが大事だともいえます。女性センターの相談事業は、これまでどおり、女性の悩みを共感をもって受け止める入り口であり、ジェンダーの視点から女性のエンパワメントと問題解決にあたる場です。女性センターの相談事業は措置権があるわけではありませんし、相談ニーズをしっかり受け止めた上で、地域のさまざまな社会資源に振り分けてつなぐ相談ができることが大きな特徴といえます。その振り分け先、つなぎ先がふえ、しかもそこが男女共同参画の視点があり、ジェンダーに敏感であるということは重要なことです。

社会が複雑になるにつれ、どの分野の相談事業も機能分担の方向にあります。しかし、どんなに機能を整理・分担し、それぞれの看板を掲げても、相談者は必ずしもこちらが想定したとおりに相談先を選んでくるわけではありません。現に、苦情処理機関に「私、どうしていいかわからないのです」とか「DVの夫から逃れるための保護施設を紹介してほしい」といった相談がはいることは珍しくありません。大切なことは女性センターの相談の特徴であった、まず女性の訴えを共感をもって受け止めるという部分を、相談支援センターでも苦情処理機関でも行うということです。どんな看板を掲げようと、女性センターに期待されている点はまさにそのことなのです。

これをさらに進めて、女性センターは、性別による差別等の人権侵害の総合相談センターを目指すべきではないかという、積極的、前向きな考え方もあります。といっても、そこにジェンダーの視点が不可欠であることはいうまでもありません。女性センターが引き受けるのは、あくまでも女性のエンパワメントであり、ジェンダー格差の是正という視点からの人権問題です。

諸外国では、元来、DV防止法は女性に対するあらゆる暴力を根絶するというビジョンのもとで生まれてきました。女性に対する暴力は、女性に対する人権侵害の中でも最も過酷で、被害の大きなものです。まず大きな視野からの女性に対する暴力の禁止があり、その中の一つがＤＶ防止法であるという位置づけです。ところが、日本の場合は、女性に対するあらゆる暴力の禁止という視点はまだ醸成されていないし、法律もありません。ですから、女性に対する人権侵害をＤＶに限らず引き受けていく、女性のための人権侵害総合相談センターが必要で、それにはまさに女性センターが一番近い位置にあるというわけです。

女性センターの相談事業が引き受けてきたのは、これまでも女性に対する人権侵害の問題が中心でした。これからは、相談支援センターや苦情処理機関を担うことをとおして、さらに人権問題全体を総合的に扱う中核の機能をもつことが期待されるのではないでしょうか。

> 女性センターの相談事業は広がっていく可能性が示されましたが、それでは、これまでの女性センターの相談と相談支援センターや苦情処理機関における相談では、相談員に求められる資質や能力に違いはあるのでしょうか。あるとしたら、それはどのような違いでしょうか。

女性センターの相談と相談支援センターや苦情処理機関における相談では、基本的には、相談員としての資質に違いはありません。しかし、これまで述べてきたように、女性センターの役割が広がることによって、一段と期待されるようになった能力があります。それは「振り分ける専門性」あるいは「つなぐ専門性」です。相談者の心理状態や相談内容などから勘案して、瞬時にどこに振り分けるか、どことどこをつなぐのが相談者にとって最もよいかを判断し実行する総合的な能力といってもいいかもしれません。

そのためには、病院や福祉関連施設のことも知らなければならないでしょうし、法律や条例などを理解しておくことも必要です。また、どういう解決策があるか、それにはどのような手続きが必要か、その後どういう事態が予想されるかなどといった点についても把握しておかなければならないでしょう。その意味では、非常に広範な専門性が求められているといえます。

このような能力は、女性センターの相談員として、これまでにも期待されていました。しかし、ノウハウとして蓄積されていても、一つの専門知識として体系化されているとはいえません。非常勤や派遣の相談員が多いため、今日でも女性センターでは、ケース・カンファレンス★7やスーパービジョン★8などが行われていないところが少なくありません。最近実施された女性センターの相談員を対象にした調査結果によれば★9、「女性への暴力など最近増加している相談に対する研修」と並んで、「相談に必要な基本的な研修」が足りないと感じている相談員の多いことがわかりました。

女性センターの相談事業に対する期待がより一層高まっていることを考えると、相談員一人ひとりが研修などをとおして、その期待に応える能力を培えるようにすることが不可欠であるといえます。

こうした能力の習得に必要な研修が行われることに期待したいものです。

★1　全国女性会館協議会「情報・相談事業に関する調査」二〇〇一年
★2　内閣府「男女間における暴力に関する調査」一九九九年
★3　内閣府「男女共同参画に関する施策についての苦情の処理及び人権侵害における被害者の救済に関するシステムの充実・強化について」二〇〇二年
★4　「埼玉県男女共同参画推進条例」第一三条〈苦情処理〉
★5　「東京都男女平等参画基本条例」第七条〈都民等の申出〉
★6　「鳥取県男女共同参画推進条例」第三章〈鳥取県男女共同参画推進員〉、第二三条〈設置〉
★7　相談事例をもとに、対応の方法などを検討する所内会議
★8　相談員の対応が適切かどうかを、専門家が教育的に検討指導するための会議
★9　全国女性会館協議会「相談員の研修についての調査」二〇〇二年

本稿は、井口博（弁護士、千葉県男女共同参画推進懇話会女性に対する暴力対策専門部会長）、江原由美子（東京都立大学教授、横浜市男女共同参画相談センター専門相談員）、鹿嶋敬（日本経済新聞社編集委員、内閣府苦情処理・監視専門調査会委員）、川喜田好恵（ドーンセンター相談コーディネーター、女性に対する暴力対策情報提供事業・研究会）、桜井陽子（横浜女性フォーラム男女共同参画センター長、内閣府苦情処理・監視専門調査会委員）の共同討議にもとづき、編集部が文章化したものです。

1. 配偶者暴力相談支援センターの機能を担う女性センター

東京ウィメンズプラザ　相談係長　岡橋文栄

これまで、女性たちのエンパワメントを主な業務としてきた各地の女性センターが、男女平等参画社会の実現を目指す活動の拠点として新たに生まれ変わろうとしている。

そこで、男性も積極的に女性センターに出向いて、男女平等参画社会の必要性を共に理解し合うことが必要であり、そのための新たな事業の展開が問われている。

一方で、二〇〇一年四月に成立した「配偶者からの暴力の防止及び被害者の保護に関する法律」(以下、DV防止法)の前文には、人権の擁護と男女平等の実現のために、配偶者からの暴力の防止と、被害者保護のための施策が必要であると謳われ、暴力の被害を受けた女性たちに安全な場所を提供し、必要な支援をしていくことも女性センターの重要な役割となっている。

この二つの責務を同時に果たすことはとても大変なことであるが、私たち女性センターに働く者は、これまで以上の創意・工夫でこの問題を乗り越えていく必要がある。

1　女性センター相談事業の役割

現在、どこの自治体でも財政的な問題を抱え、いくつかの相談室は整理され、必要なものだけを残す時代になっている。そんな中で、女性センター相談室には、その特色や基本ベースは何かなど、他の相談機関とは異なった存在意義を打ち出すことができるかが問われている。

女性センターに寄せられる相談は、その九割以上がこれまでの文化や社会制度を背景に女性たちが抱えてしまう問題である。この問題を解決し、女性たちが本来の力を取り戻し、ジェンダー意識から解放され、選択肢を増やし、自分らしく生きるためのサポートをしていくことが女性センター相談事業の大きな役割であり、この女性たちこそが、男女平等社会を実現させる原動力だと信じている。

2　相談の現状と課題

多くの女性センターが、これまでも女性のエンパワメントを行ってきているが、もう一つの重要な役割は、相談の中から見えてくる問題を他の事業でアウトプットし、問題を社会化させることである。そういうシステムを作らない限り、相談事業は内部のみで完結し、存在意義も明確にならないのではないか。

東京ウィメンズプラザ（以下、ウィメンズプラザ）では、以前から月一回のスーパーバイズ（ケースに対しての専門家のアドバイス）が保証されているが、相談室のカンファレンス（ケース検討会）が定期的に行われるようになったのは二〇〇一年度からである。未だ、他の事業への還元まではできていない。今後の課題として、①他の事業へつなげていくことが必要、②相談室の一体化と対応方法の平均化をどう図るか、内容別対応マニュアルが必要、③対応する相談の範囲、サービスの内容等を明確にする、④相談員の研修やメンタルヘルスの問題、などがある。

3 DV防止法

DV防止法の前文には、「人権の擁護と男女平等の実現を図るためには、配偶者からの暴力を防止し、被害者を保護するための施策を講ずることが必要である。」と記されている。

このことは、アメリカなどの家族法の流れを汲むDV防止法以上に、女性問題の視点が取り入れられたということであり、女性センターに課せられた責務は大きい。

DVをはじめとする暴力の問題は、社会の奥深くに潜むジェンダー意識が被害をさらに複雑なものにする。特に、DVの被害者をみると、閉ざされた家庭の中で、妻であり母であるという役割を賢明に担おうとするがゆえに、長期間暴力の被害を受け続け、本来の力をなくし、健康をおびやかされていることも多い。にもかかわらず、経済的な問題、子育ての不安、役割を遂行できない自責感などに苦しんでいるのが実態であろう。しかし、彼女たちは、一定期間に適切な援助を受けることで必ず自分の力を取り戻し、自立して自分らしく生きられる人たちである。現状の、社会システムの中で、福祉の視点でのみ被害者援助をするだけでは、必ずしもこのジェンダー意識は改善されない。より多くの女性たちが力を取り戻し、共に男女平等参画社会の実現に共働していくことを目指し、ウィメンズプラザは配偶者暴力相談支援センター（以下、相談支援センター）の機能を担っている。

4　相談支援センター機能を担う

ウィメンズプラザ相談室の相談件数は、ここ数年間急速に伸びている（一九九八年五、五五二件、二〇〇一年九、八〇五件）。これは、女性たちが、自分の抱える悩みを語り始めたという証である。DV、セクハラ、レイプという女性に対する暴力の相談は、その顕著なもので、ほかにも生き方の問題などさまざま寄せられる。

これらの相談に加えて、ウィメンズプラザでは二〇〇二年四月一日よりDV防止法に基づく相談支援センター機能を担うこととなった。これは、これまでの機能に、法律に基づく責務を付加することで、ウィメンズプラザの存在意義をより確固たるものとすることにもつながる。東京都では、この機能を福祉局の所管する、もとの婦人相談所である東京都女性相談センター（以下、女性相談センター）と分担することになった。

一方で、ウィメンズプラザは一般に開放され、多くの都民の方が利用しているオープンスペースであり、加害者からの追跡などによる問題についても万全を期して、利用者や相談者、相談員の安全を確保していかなければならない。

相談支援センターとしてのウィメンズプラザは、総合相談窓口としての相談、啓発、研修といった分野を担い、女性相談センターは、主に一時保護に責任をもつ。ウィメンズプラザで一時保護が必要と判断した相談者も責任をもって保護するというものである。相談支援センター業務をスタートさせる際には、両者が、何度も打ち合わせを行い、連携方法を詰めた。また、ウィメンズプラザはハード面の一部施設を改修し、警備員を配置して相談支援センター業務を始めた。

5　相談支援センター立ち上げの準備

短期間に相談支援センターを立ち上げる作業は困難を極めた。①相談時間、②電話回線、③相談員数やその勤務形態、採用の問題、④相談支援センターとしての事業内容、⑤相談業務を支える事務担当者とその役割、⑥相談者や相談員、周囲の人の安全確保などに加え、都民の需要がどういう時間帯にどの程度あるか、一つひとつ判断を必要とした。また、DV防止法では何を求めているのかも視野に入れなければならない。これまでの援助経験者のアドバイスを聞き、そこに近づけようとすれば、予算的に無理がでる。被害者といえども大人、そこまで行政が援助する必要があるのかなど、行政内部に必要な整備を理解してもらうことはなかなか難しい。

こういう準備の段階で、最も重きをおくべき点は、やはり相談員の採用である。フェミニズムの視点を、正確に理解していること、これだけは譲れない点である。困難はあるが、それでも女性センターがこの業務を立ち上げることには意義があると思う。

6　ウィメンズプラザの相談体制

●主な相談体制

①電話相談：相談時間　九時〜二一時（年末年始を除く）

②面接相談：原則予約制（心理カウンセリングを含む）

③特別相談：a　精神科医師による面接相談

（週一回（予約制））

b　弁護士による法律相談

（週二回（予約制））

④相談員等：非常勤職員一二名、事務職員三名

⑤夜間緊急対応：女性相談センターが分担

●その他の業務

①必要な場合のケースワーク（個別対応）やアドボケイト（同行）、②一時保護の判断や保護先への移送、③都民や病院等からの通報対応、④警察、保健所、婦人相談員等とのネットワーク支援、⑤自立支援講座として、心理サポートや自立生活促進に向けた情報提供講座の実施、⑥被害者自助グループ活動への支援、⑦ＤＶ被害者支援関係機関連絡会の開催（参加機関は区市女性センター、福祉事務所、警察、保健所、児童相談所、民間シェルターほか三八機関、年六回開催）、⑧普及・啓発としてＤＶ防止用相談カードの発行（二〇万枚）、⑨教育・研修としてⓐＤＶ被害者支援のための相談員養成講座（女性センター等の相談員対象、一講座三日間を年二回）、ⓑ警察、医療、福祉等職務（ＤＶ支援）関係者研修の実施、⑩裁判所からの書面提出請求対応、被害者の保護命令の申立てに関する援助等、多様である。これらの業務は、ＤＶ防止法に相談支援センターの業務として挙げられた六項目を考慮して考えた結果実施となったものである。

7　ウィメンズプラザの相談対応

現在、ウィメンズプラザでは、一般相談もＤＶ相談も同じ電話回線を使用して同時に受けている。そのため、相談員は多様な相談に的確に対応しなければならない。特に、昨今の相談では、ＤＶによる離婚、セクハラやレイプ被害の裁判支援なども求められ、相談員としても高い資質が求め

られる。そこで、全員が懸命にスキルアップのための努力をしていることはうれしい限りである。

相談支援センター業務としての相談対応で最も多いものは、DV被害回避のための問題の整理と情報提供である。もちろん、一時保護や保護命令の申立てについてのサポートも求められ、生活保護や住民票の移動、保険証の取得、子どもの転校などのためにケースワークが必要なこともあり、相談員がそれぞれに関係セクションに電話交渉をしている。また、危険回避のためのアドボケイトもある。

最近、徐々に増えてきているのが、医療機関からの通報である。入院している患者さんがDV被害を受けていると思われるが、本人には被害の自覚がないとか、被害は認めるものの、被害回避をしようという意欲がないというものである。しかし、このまま退院させてしまうと生命が危険であると考える医師やソーシャルワーカーからの相談である。このようなケースの対応としては、被害者が退院して地域で生活することが多いので、所管の婦人相談員に病院に出向いて被害者と話してもらうことを依頼する。それが不可能な場合には、ウィメンズプラザが出向いて被害者本人と話し、必要な情報提供をするということもある。

保護命令についても、情報提供と裁判所への書面提出にかぎらない。申立書の書き方が難しく、被害者本人が一人では書けない、弁護士を依頼すれば経済的負担が大きいということもあり、相談員が指導をしながら書き上げるということもしている。このように、相談支援センター業務はまさに多様である。

しかし、こういう相談対応の中でも、相談者が求めれば全て対応しているというわけではない。そこで、女性センターとしての判断が必要となる。この被害者の今後の自立ということを考えた場合に、本当にそのことが必要かどうかである。とても冷酷なようであるが、ときには自分一人で行動することを促すことも必要だと思っている。

8　被害者支援に欠かせないネットワーク

DV防止法は、これまでの社会資源を活用して被害者保護をしていくということである。

問題は、それぞれの社会資源を所管する部署が異なり、その全てがDVについて同様な理解をしているわけではないということである。例えば、子育て援助資金ひとつにしても、離婚が成立していないという理由で援助できないといわれるということも出てくる。生活保護の支給にしても簡単にはいかない。当然のこととは理解していても、ときには、相手の担当者の言葉ひとつで腹立たしさや無力感をもち、やりきれない思いをすることも事実である。支援者のバーンアウトの原因にもなり兼ねない。こういうことが起きないよう、日頃から関係機関とのネットワークがあることがとても重要である。このネットワークは、現状の中での被害者支援を豊かなものにする。

ウィメンズプラザでは、現在ネットワーク構築のための連絡会を立ち上げているが、最近では警視庁との関係がとても機能的であることや、民間シェルターの人たちの理解や協力も得られていることが心強い。

9　事例から見える被害者のニーズ

被害者は、ようやく社会が自分の被害を社会的な問題として認知し、被害から逃れるための支援をしてくれる、また、自分の被害は、自分が悪いわけではない、と感じはじめているのではないか。相談員の支援の言葉に、突然涙したり、嬉しそうな表情を浮かべたり、私も何度かこういう体験をさせてもらっている。そのたびに、どこまでできるかわからないが、現状の中でできる限りの支援を心がけようと勇気づけられる。相談者には、誰かが私を理解してくれた、そして一緒に考え、できる範囲の援助をしようとしている、そういうことを感じ取ってもらいたい。

10　今後の展望と課題

ＤＶ防止法は、さまざまな点で不備だといわれながらも、ＤＶが社会的な問題だということを多くの人に認知してもらうことに貢献している。相談支援センター業務も、走り始めたばかりで決して十分なものではない。しかし、多くのことがそうであるように、徐々にではあるが社会システムは整備されていくのではないかと考えている。

今後の課題をあげれば山積みであるが、中でも以下のような優先順位で問題解決のためのシステムをつくることが急務であろう。

①一時保護施設を退所してからのステップハウス（数年間居住可能なもの）の確保、または公的住宅への入居システムの構築

②就労のための職業訓練、就業斡旋システムの構築

③保育所への優先入所

この問題以外にも、一時保護施設の増設、マイノリティーの被害者への支援の充実・整備、住民票の非開示の問題や保険証の問題、離婚手続きのための弁護士の斡旋や経済的援助、支援者のための環境整備などが大きな課題である。また、ＤＶ防止法の見直しに向けて問題整理を行い、国への働きかけを行うことも早急に求められる。

11　最後に

これまでの女性センターは、性別役割に派生する女性差別の問題に対し、さまざまな施策を講じてきた。その結果、国においても、地方においても、今後は、男女共同参画社会基本法をはじめ、各自治体の条例に基づいた男女平等施策が推進されていくことになっている。ところが、これらの法的根拠が整備されたことが、私たち女性センターに働くものにとっては逆に、事業構築を困難にしていることも否めない。これまでの事業の中心は、女性のエンパワメントであり、そのことによって女性の力を引き出し差別解消を行うことだった。今後は、参加の機会の平等を保証していくことになり、事業の対象は男女両方を視野に入れなければならない。

とはいうものの、男女平等があらゆる場面で実現しているわけではない。その最たるものが、暴力被害であると思われる。暴力被害者の支援は、ときには判断を誤ると人の命にさえかかわる緊張を強いられるものだ。また、被害者は何を相談室に求めたらいいのかもわからない混乱状態にあることも多く、相談ニーズもつかみにくい。何度同じ会話を重ねても、解決に向けての選択を決断できないこともあり、女性センターの相談対応では、忍耐を必要とすることも多々ある。

それでも、暴力の被害を受けた女性たちは女性センターの支援を必要としているし、男女平等社会が必要なことを身をもって体験し、これからの女性センターを支える人たちであることを期待したい。

2. 条例による相談とDV相談支援センター機能を併せもつ総合相談室

滋賀県立男女共同参画センター（G－NETしが）所長　田中雅代

1　女性センターから男女共同参画センターへ

男女が共に輝く湖国滋賀をめざして、男女の人権の尊重と真の男女平等の達成および新たな価値観・社会システムの創造を基本理念とする新たな行動計画「パートナーしが２０１０プラン」が一九九八年八月に策定され、地域など様々な場からの男女共同参画の実践活動の促進に向けた取り組みが進められた。また、国においては、男女共同参画社会基本法、男女雇用機会均等法改正等の法的整備が進められた。しかし、一方では、少子高齢化の一層の進行、産業経済活動の低迷、地方分権の強化、ＤＶ等女性に対する深刻な人権侵害実態の顕在化など、男女共同参画を巡る社会情勢の急速な変化が進展している。こうした状況に対応するため、滋賀県における男女共同参画の取り組みを加速し、強力に推進するさらなる手立てづくりが急務となり、県内活動の法的基盤として滋賀県男女共同参画推進条例（以下、推進条例）が二〇〇一年一二月に制定された。

この推進条例において、県立女性センターは、「県民、事業者および市町村の取組を支援するための総合的な拠点となる施設」として位置づけられ、同時に、センター設置管理条例においても、推進条例を受ける形で、「男女共同参画の推進を図るため、県立男女共同参画センターを設置する」と改正された。両条例は二〇〇二年四月一日に施行され、これまでの県立女性センターは、県立男女共同参画センターと改称した。

また、相談事業についても、推進条例にその根拠が明示された。さらに、DV防止法に基づき、中央・彦根の両子ども家庭相談センターとともに、「配偶者暴力相談支援センター」と位置づけられた（なお、DV防止法第三条第二項第三号の機能を除く）。

2 男女共同参画相談制度の概要

(1)男女共同参画相談室

県立男女共同参画センターは、推進条例に基づき、男女共同参画推進活動支援の総合的拠点施設に相応しい役割と機能を発揮することが期待されて再スタートした。特に、相談事業については、推進条例を踏まえてその位置づけと役割を明確にするため、「こころと生き方の相談室」を廃止して、新たに「男女共同参画相談室」として開設した。

男女共同参画相談室が取り扱う相談の内容は、「性別による差別的取扱いその他の男女共同参画を阻害すると認められることに関する相談」（推進条例第一四条）であり、また、配偶者暴力相談支援センターとしての相談・情報支援機能も併せもつ。なお、制度や施策に関する苦情相談は、原則として施策苦情処理制度（推進条例第一三条。

受付窓口は男女共同参画課）に則って対応されることになる。

男女共同参画相談室は、休所日(祝日を除く月曜日、祝日の翌日、年末年始)以外の全日開室とすることとし、女性センター時代の週四日間から週六日間へと相談日数を増加させた。また、相談時間は、木曜日以外の日を九時〜一七時とするとともに、第一・第三・第五木曜日は九時〜二〇時として夜間相談への対応を図り、第二・第四木曜日は一三時〜一七時とすることにより午前中をケース検討会議等の時間として確保することにしている。

この相談室には、女性二名、男性一名の計三名の男女共同参画相談員が週四日勤務の交代制で常駐し、面接および電話による総合相談に応じている。また、総合相談業務の一環として、センター遠隔地の相談者の利便を考慮し、県内を六地域に分けて、毎月一巡する形で出張による巡回相談を実施している。

さらに、総合相談と連携してより効果的に相談対応ができるよう、専門家による専門相談も行っており、これまでの弁護士による「法律相談」や精神科医による「こころの相談」、臨床心理士による「家族問題カウンセリング」に加えて、新たに臨床心理士による「DV相談」も開始し、それぞれ月一回ずつ実施している。なお、法律相談は弁護士会に委託して女性の弁護士の輪番制によっており、精神科医や臨床心理士は個人に委嘱している。この専門相談は予約制であるが、専門相談のみの直接予約は受け付けておらず、必ず事前に総合相談を通じて相談者と相談員が話し合い、相談内容を踏まえながら相談者の立場に立ってよりよい方向を探り専門相談につなげていくという方法をとっている。

⑵他機関との連携および相談環境整備

相談によっては、他の相談機関等と連絡調整を図り、助言・事案移送・紹介等による相互支援や情報交換など連携して対応する必要がある。研修や啓発等の取り組みにも協働関係づくりが必要である。このため、中央・彦根の両子ども家庭相談センター（旧婦人相談所・旧児童相談所）との定期的な会合の場（相談担当者会議）をもっているほか、県民相談ネットワーク（事務局：警察本部警察県民センター）や県犯罪被害者支援連絡協議会に加わり、同協議会DV分科会（事務局：児童家庭課、男女共同参画課、警察県民センター）およびメンタルサポート分科会（事務局：警察県民センター）の主要活動メンバーとなっている。このほか、県東近江地域振興局地域健康福祉部（旧福祉事務所・保健所）や警察県民センター、女性警察チームCLARA（クララ）等の関係行政機関や、NPO法人おうみ犯罪被害者支援センター、権利擁護センター・高齢者総合相談センター（淡海ひゅうまんねっと。事務局：県社会福祉協議会）、滋賀弁護士会等の関係民間団体との連携づくりを進めている。

相談室は、相談者のプライバシーに配慮し安心して相談できるよう、センター窓口や事務室から離れた相談専用の個室であり、相談が立て込んだり、専門相談と重なる時は、さらに隣室を確保するとともに、随時、応接室等も相談にあてられるようにした。また、「つながりにくい電話」の解消を図るため、電話を増設して相談専用電話二台（いずれも親子電話型）にした。反面、こうしたことは、相談室の孤立化につながるおそれもあるので、他の所員との連絡・通報体制の整備を急いでいる。

また、ややもすると相談員は孤立化し、相談を通じて副次的被害を受けやすい立場にある。このため、相談室のほかセンター事務室内にも相談員各自の執務席を確保して、出退勤時や休憩・食事、学習等は事務室内の自席を用いるように図り、他の所員とのコミュニケーションや相互協力関係が深められるように努めている。特に、合議・決裁の流れや文書回覧、勤務表、職場研修なども他の所員と同じ扱いとすることにより、相談員の状況が他の所員に理解でき、また他の所員の動向が相談員に分かるように努めている。

相談者は、県民、事業者が対象であり、女性も男性も、さらに個人だけでなく企業や市町村、団体などにより幅広く相談室が活用されることを期待している。また、特に来所しにくい子育て期や働く世代の男女のために、事前予約による相談時の無料託児サービスや隔週一回の夜間相談を実施している。

(3)男女共同参画相談員

相談員は、これまでの要綱に基づく任意設置の「相談業務嘱託員（アドバイザー）」から、条例に基づく必須設置の「男女共同参画相談員」（推進条例第一四条、特別職の職員の給与等に関する条例）になった。男女共同参画相談員の身分は非常勤の嘱託員である。

相談員の資格は特に設けておらず、男女共同参画に関わる相談業務を職務遂行するうえで必要な知識、見識、経験を有する者としている。相談員の選任は、一般募集による応募者の中から筆記試験・作文・面接をもとに選考を行い、男女共同参画相談員として委嘱発令した。なお、具体的な選考に当たっては、ジェンダー問題の社会構造的背景や男女共同参画の意義などに関する基礎知識、特にDV問題の正確な知識を重視するとともに、予算成立から相談室開設までの準備期間が短かったことから、相談実務経験など即戦力となる人材を期待した。したがって相談員の経歴は様々であるが、女性問題アドバイザー、教育困難校の生徒・保護者指導、保護司、犯罪被害者相談センター相談員、青少年アドバイザーやスクールカウンセラー、男女共同参画出前講座推進員等の経験が男女共同参画総合相談業務に役立っていると思われ、特に複数の分野で指導助言・相談等に携わったという多様な実務経験を有することが望ましい。

男女共同参画相談員が取り扱う相談の内容は、前述のとおり「性別による差別的取扱いその他の男女共同参画を阻害すると認められることに関する相談」であるが、これは女性問題だけでなく男性問題、さらには慣習・慣行等に関わる相談も含み、相当幅の広い多様なものが対象となると考えられる。具体的には、DVやセクハラ、虐待等の直接的な人権侵害事案であるとか、家庭や地域、職場等における育児や介護、家事、就学・就労、処遇等を巡る男女の能力の発揮や生き方の主体的な選択を妨げるような性別役割分担の直接的・間接的な強制等々のジェンダー観に基づく差別事案、あるいは、男女の精神的・経済的な自立やエンパワーメントに関わる生き方や人間関係、ここ ろとからだの健康、自己認知、性の悩みといった男女が置かれている社会的実態を反映した事案などが挙げられよう。これまでややもすると個人的な悩みは当事者自ら解決すべきとして扱われてきたこれらの事案について、男女共同参画を阻害することに関する相談と位置づけることにより、その背景に存在するジェンダーに基づく社会構造上の問題として捉え直し、解決に向けて社会的支援を図ろうとするものが男女共同参画相談であるといえる。

このため、相談員には、男女共同参画に関する様々な分野の課題と最新情報の習得、一層の相談技術の向上が求められることから、フェミニストカウンセリング講座、ＤＶ相談員専門研修講座等の専門研修だけでなく、消費・労働・人権問題研修や各種ジェンダー学講座など多様な研修が受けられるよう配慮するとともに、自己研鑽を奨励している。また、相談室の中だけでは把握できない実態や様々な情報・意見が直接入手でき、男女共同参画相談の実情も広く理解されるよう、相談員自らも、要請に応じて各地に講座・研修等の講師・助言者として出張している。

(4)相談の処理

相談員は、これまではセンター所長の指示・指導のもとに相談の処理を行っていたが、推進条例に相談の適切な処理権限が明記され、男女共同参画相談員自らが相談の適切な処理を行ううえで必要な調査、助言を行うほか、関係行政機関への通知その他処理に必要な措置を講じることとされたことから、力強く相談業務を遂行・処理できるようになった。

また、相談員同士が日常的に情報や意見を交換し合い、相談記録も回覧し合うことによって、共通理解と相互研鑽を高め、どの相談員によっても同様の相談対応となるよう努めている。特に、第二・第四木曜日の午前中は、相談員連絡会議の時間として確保し、この会議には必要に応じて所長、次長も加わるものとしている。なお、相談事案を専門的に検討し、調査・指導等の対応策を調整する場として、専門相談員を交えたケース検討会議も設けることとしているが、現在のところ、会議を要するような相談事案は生じていない。

3　男女共同参画相談の状況

男女共同参画相談室の開設後一年に満たないため、確かな全体的傾向までは総括しにくく、したがって課題や今後の展望について論及しにくいことをお断りして、二〇〇二年四月～二〇〇三年一月までの相談状況の概要を紹介させていただく。なお、専門相談については、相談内容や対応可能件数が限られているので除外し、男女共同参画相談員が対応している総合相談のみについて記述させていただくこととする。

　まず、相談件数は、開設当初の二〇〇二年四月が八〇件であったが、ほぼ毎月増加し、十月には二・七倍の二一七件に達し、以降毎月二百件前後で推移している。十か月間の総相談件数は、二〇〇一年度総相談件数の二・三倍に当たる一、七一四件で、センター開所以来の最多である。昨年度同期間比で見ると二・八倍になっている。一日当たりの平均相談件数は、直近の十月～一月の四か月間で見ると八・二件、通期で六・九件になっている。曜日別では、木曜日がピーク（十～一月の平均は一一・一件）で、週前半は混み合い、週後半に漸減している。時間帯別では、朝の開室直後、昼休みあけ、夕方に多いものの、午前、午後、夜間と分けて見るとほぼ同件数になっている。

　相談方法別で見ると、面接相談と電話相談の比は、通期で概ね一対二と、これまでに比べて徐々に面接相談の比重が高まってきている。

　相談者の性別では、女性がこれまでどおり圧倒しているものの、男性からの相談が十か月間で一三〇件と、昨年度一年間の六・八倍に急増し、比重も七・六％にまで高まっている。また、相談者の年代別で見ると、三〇歳代と四〇歳代が各々三割前後だが、一〇歳代三九件、二〇歳代二六五件と、合わせて十か月間で昨年度の二・九倍の伸びが見られ、若年層からの相談が増えている。

　相談の主訴内容別では、夫婦関係の相談がこれまでどおりトップであるもののその割合は低下している(相談全体の約四分の一)。以下、こころの健康、家族関係と続く。件数の伸びの大きいものでは、自立・生き方六・四倍、家族関係四・五倍、地域・職場等の人間関係三・九倍のほか、金銭トラブルその他の相談も急増していて、相談内容の多様化が一層進んでいる。また、相談全体の約二割に当たる三一四件に、何らかの形でDV問題が介在している。この中には、数は少ないもののDV加害者からの自身のケア相談も入っている。

4　最後に

男女共同参画相談室は、相談を通じて男女共同参画を阻害している問題を解決し、真の男女平等、男女共同参画社会の実現を図るものである。直接的には個人的な悩みや相談であっても、個別対処療法的な解決に陥ることなく、隠れた要因や背景に潜む問題を一緒に探り、そこに固定的な性別役割分担や性別優劣の実態など社会構造的な問題が存在することを明らかにすることによって、相談者自らのエンパワーメントの回復を図り、自立した生き方ができるようにする。また、相談を通じて明らかになった課題を施策や事業にフィードバックしていくところに大きな存在意義があると考えている。

依然として、相談することは恥ずかしい、世間体が悪いとの思いが根強く残っているが、安心して相談のできる信頼される相談室づくりに努めていきたいと考えている。

「無事解決しました」、「自力で立ち直れ、自信がつきました」と、相談者が晴れ晴れとした顔で報告に来られることが相談員冥利に尽きるとのことを、最後に付け加えさせていただきたい。

3. 「性別による差別等の相談（苦情処理）」開設一年を経て

（財）横浜市女性協会　男女共同参画相談センター　新堀由美子

1 「性別による差別等の相談」窓口ができるまで

●はじめに

二〇〇一年四月、横浜市で政令指定都市初の「男女共同参画推進条例」が施行された。この条例第一〇条に「相談の申出」という項目がある。いわゆる「苦情処理制度」にあたる。（財）横浜市女性協会（以下、女性協会）は横浜市の委託を受けて、この「相談の申出」にかかわる業務の一部を担っている。

女性協会が横浜市から相談業務を受託するにあたり、二〇〇一年七月の窓口開設を目指して、準備期間として三ヵ月が与えられた。この間に、ハード、ソフト両面において条例第一〇条に基づく具体的な相談業務の枠組みをつくっていくことになった。

参考：横浜市男女共同参画推進条例
（相談の申出）

第一〇条　性別による差別等男女共同参画を阻害する要因によって人権が侵害されたと認める市民（中略）は、その旨を市長に申し出ることができる。

2　市長は、（中略）これに適切かつ迅速に対応するものとする。

3　市長は、（中略）必要があると認めるときは、調査を行うことができる。この場合において、関係者は、当該調査に協力するよう努めなければならない。

4　市長は、（中略）必要があると認めるときは、関係者に対し要請または指導を行うことができるものとする。（後略）

●組織を超えてつくられた運用の枠組み

枠組みをつくるといっても、土台がないところに柱を立てることはできない。そこで、女性協会では、開設準備担当（後に「男女の人権相談室」となる）の職員と、協会設立当初より女性からの相談を受けている「総合相談室」の職員を中心にワーキンググループを発足させ、市内外の関連機関を精力的に訪問し、また週一、二回のペースで討議を重ねてきた。全国初の苦情処理制度を始めた埼玉県からは、モデルケースとして制度の具体的な話を伺うことで、業務遂行上の留意点を知ることができた。また、福祉・保健サービスの苦情相談に対応している横浜市の福祉調整委員会には、「第三者委員が市民の苦情相談を直接受けて解決を図る」という性質上の共通性があり、委員と事務局との役割分担や、連携のありかた等を参考にさせていただいた。神奈川労働局雇用均等室とは、互いの役割を確認し合うことができた。訪問先で得た情報はグループで共有され、そして横浜市の事業担当部門である市民局男女共同参画推進室（以下、推進室）に報告された。

一方、推進室は、条例策定時の論点やワーキンググループからの報告等の情報を組み合せながら、横浜市と女性協会、有識者等からなる外部委員（後に「専門相談員」となる）それぞれの役割を明確化し、施行規則、要綱づくりの作業を進めていった。

その結果、①女性協会による相談申出書の受付、②専門相談員による対応方針の検討、③女性協会が検討結果を横浜市へ報告、④横浜市の方針決定、という大まかな枠組みが決まっていった。

このように、仕組みづくりの段階から関係者一同が協働したことの意義は大きかった。組織を超えた枠組みづくりは確かに煩雑な面もあるが、「男女共同参画の推進」という目的の共有化ができ、申出制度運用に向けての意気込みが増したように思う。

2 「性別による差別等の相談」を開始して

●いよいよ、相談申出制度開始

二〇〇一年七月、「性別による差別等の相談」の窓口である男女の人権相談室が開設され、「相談申出制度」がスタートした。制度の特徴は下記のとおりである。（以下、「相談申出制度一周年事業報告書」より抜粋）

「性別による差別等の相談」には二つの特徴があります。一つは、性差別についての身近な相談窓口であること。もう一つは、必要に応じて関係者への調査、要請・指導を行い、相手に改善を求めるなど、具体的な解決を目指すことです。

「女性（男性）はこうあるべき」という固定的な性別役割の強要や性差別によって人権が侵害

されても、個人の力だけでは状況を変えにくい場合があります。具体的な被害を受け、なかなか問題を解決できない場合は、訴訟という方法もありますが、費用や時間の面から、誰もが取ることのできる手段とは言えません。

　そのようなときに、横浜市長へ申し出ることのできる制度が、横浜市男女共同参画相談センターの相談申出制度です。

　相談・問合せに関しては、「心とからだと生き方の総合相談」と連携をとりながら対応しています。例えば、総合相談の利用者が申出制度の情報を得て申出を検討する場合もあり、逆に「性別による差別等の相談」だけでは十分な対応ができない場合は、総合相談を紹介することもあります。

●実際の相談申出事案

　開設後の「性別による差別等の相談」（相談申出制度）は、実際には市民にどのように利用されただろうか。件数と共に追ってみたい。

　制度開始から二〇〇二年一二月末までの間に受け付けた申出は一一件である。電話等による問い合せ・相談の件数が八七五件であることを考えると、少ない部類に入るだろう。〝制度が市民に十分周知されていない〟という問題もあるが、それとは別に、相談申出書の受付までの対応も関与していると思われる。電話問合せの段階で、制度の趣旨、手続き、時間的な見通し等の説明を受け、市民が自分なりに考慮した上で、ようやく相談申出書に必要事項を記入するという手順を踏むことが多いためである。

　このような方法で相談申出書を受け付けているので、申出件数は少ないが、その一方で、申出として出された個々の事案を丁寧に扱い、十分な検討をしながら対応するよう心掛けている。その分、一つひとつの申出事案が、男女共同参画を推進する契機となる可能性も高くなる、と考えている。

●相談申出の傾向

プライバシー保護の観点から、申出の内容について具体的な記述は省略するが、申出の趣旨となる人権侵害は、家庭、職場、公共機関等で発生している。申出者はすべて女性である。

◇職場等における女性差別、セクシュアル・ハラスメントに関するもの（五件）
・女性従業員の人事評価に関する紛争
・上司による嫌がらせ、セクシュアル・ハラスメント
・企業のセクシュアル・ハラスメント問題への対応姿勢
・同僚・上司による嫌がらせ、体型に関する発言
・独身女性に対する差別的発言

◇夫婦間の人権侵害に関するもの（一件）
・子の認知に関する法制度の問題、配偶者による人権侵害

◇その他（公的機関の対応等）（五件）
・紛争解決の場における担当者の差別的発言（二件）
・行政機関の申請書類における不合理な記載欄
・DV被害者に対する行政機関の対応
・女性服ブランドの店頭ポスター

一一件の申出の中で大きい割合を占めるのは、職場や公的機関での出来事に関するものである。

申出書を提出する動機には、いくつかの共通点が見受けられる。職場のような固定的な人間関係の中で起こる人権侵害については、「自分ひとりでは埒があかない」という思いから申出に至り、公的機関等の出来事については、「公的な場でこのようなことがあってはならない」「自分だけでなく同じ立場の人たちのためにも」という思いが、申出に至るきっかけになっている。

なお、一一件中二件が総合相談室からの情報提供によって申出に至っている。

●申出事案対応の実際

相談申出書の受付後は、専門相談員が中心となって申出事案の対応を検討する。専門相談員は現在女性三名、男性二名で、男女共同参画に関して意欲と関心を持つメンバー（大学教授、人権擁護委員、弁護士）で構成されている。

申出の対応方針は、毎月開催される「専門相談員会議」で検討される。会議はオープンな雰囲気で進み、率直な意見交換がなされる。専門相談員それぞれが自らの経験や専門的見地から意見を出し合い、多角的な視点で検討が行われる。

現在までに関係者に対する調査を行った事案は、提出された相談申出一一件のうち五件となっている。また、〝調査しない〟という方針を出す場合についても「なぜ行わないのか」ということを慎重に議論したうえで、その根拠を明確にし、関係者で共有している。なお、最終結果を申出者に伝える際には、一方的に文書を送付するのではなく、調査内容や議論の経過などについて専門相談員が申出者に直接、丁寧に説明するなど、可能な限りの配慮をしている。

●関係者への調査協力依頼

初めて関係者への調査を行うことになったときは、果たして相手方からどのような反応が返ってくるのか分からず、大変緊張したことを覚えている。

しかしそれは杞憂に終わり、関係者からは一様にスムーズな調査協力が得られた。組織内制度等の情報開示も拒まれなかったことは意外であった。この制度には強制力はなく、調査協力に関しても、関係者の努力義務の上に成り立っている。条例を盾に強制的に調査するという形ではなく、「男女共同参画の観点から調査に協力願う」という姿勢に、関係者が理解を示したものと思われる。

具体的な調査は、申出に係る事実（例えば発言の有無等）の確認、周辺情報、組織としての認識等について関係者に聞き取りを行い、情報提供を求めるなどの方法で行われる。申出者からプライバシー保護など特別な配慮を求められ、その意向に沿った形で関係者とやりとりをするケースもあった。

●調査の影響、効果

これまで、申出の受付から関係者への調査まで、対応の過程を追ってきた。振り返ると、ここまでは当初の想定どおり比較的スムーズに進んでおり、相談対応の定型として落ち着いた感がある。

しかし、調査後の流れは多様である。例えば、申出者と関係者の主張が対立したケース、男女共同参画の阻害要因の認定が難しかったケース、調査開始後に状況の変化が見られたケース等、今のところ定型化することは難しい。したがって、ここでは、横浜市が調査に入ることでどのような影響や効果があったか、整理するに留めたい。

◇申出者への影響

申出者にとっては、申出の趣旨が相手方に受け入れられ、状況が是正されることが最も望ましい結論である。しかし、現実にはそのようにすっきりした形で事案が終結することは稀である。ただし、人権侵害の事実認定ができなくとも、調査の過程で状況が良い方向に変化したり、もしくは横浜市が調査に入ったこと自体を申出者が評価することもあり、これらを含めると、調査の効果は十分あったと考えている。

◇相手方への影響

まずは、具体的な個々の申出事案を通じて、相手方に「男女共同参画社会」について考えてもらう機会が得られたことだけでも、十分な教育的効果があったと考えている。また、調査を進める過程で、相手方が自主的に改善策を講じたケースもあり、調査は一定の成果を収めていると言える。

◇社会への影響

申出に関する調査によって図られた改善策が、あらたな習慣・制度として定着化し、同様の立場にある別の人にとってもよりよい制度に変化するという成果もあった。男女共同参画の視点で社会の仕組みそのものに変化をもたらしたということは、相談申出制度の大きな成果のひとつと言えよう。

●終わりに

以上が、開設後現在までの「性別による差別等の相談」の状況である。関係者一同の協力もあって、どうにか一一件の相談申出事案の対応をすることができた。対応の過程で社会の仕組みが変化したという成果もあり、苦情処理制度が男女共同参画社会の形成に寄与していることを実感した。

男女共同参画社会基本法や横浜市の条例では、基本理念、施策、推進体制など、男女共同参画の「推進」に関する部分が前面に打ち出されており、被害者救済としての「苦情処理制度」は、条文上は比較的目立たない。しかし実際には、両者は車の両輪のような存在であり、どちらが欠けても男女共同参画社会の実現は難しいのではないかと考える。

私が担当する横浜市の相談申出制度は、条例の中で、男女共同参画の阻害要因による被害者が「実際に利用できる」唯一の機能である。今後も一つひとつの申出をしっかり受けとめ、適切な対応によって、被害者の人権救済や社会制度の見直しに貢献できれば、と思っている。

すぐに役立つ電話一覧表

男女共同参画推進条例にかかわる苦情処理等受付電話一覧

情報提供：各都道府県・政令市
2002年12月16日
財団法人横浜市女性協会調べ

都道府県

都道府県名	受付部署・窓口名	電話番号
北海道	北海道男女平等参画推進室専用ダイアル	011-221-6780
青森県	青森県環境生活部青少年・男女共同参画課	017-734-9228
宮城県	宮城県みやぎ男女共同参画相談室	022-211-2570
秋田県	秋田県生活環境文化部男女共同参画課	018-860-1557
山形県	山形県文化環境部県民生活女性課男女共同参画室	023-630-2668
福島県	福島県男女共生センター 男女共同参画の推進に関する施策等に対する意見申出制度窓口電話	0243-23-8319
茨城県	茨城県男女共同参画苦情・意見処理委員会	029-301-2179
埼玉県	埼玉県男女共同参画苦情処理委員	048-830-2927
東京都	東京都生活文化局総務部男女平等参画室	03-5388-3189
神奈川県	神奈川県県民部人権男女共同参画課 神奈川県の施策に関する意見・提案等に関する専用電話	045-210-3643
新潟県	新潟県県民生活・環境部男女平等社会推進課	025-280-5141
富山県	富山県県民共生センター相談コーナーサンフォルテ相談室	076-432-6611
石川県	石川県県民文化局女性青少年課男女共同参画推進室	076-225-1378
福井県	福井県県民生活部男女共同参画室	0776-20-0319
山梨県	山梨県企画部県民室男女共同参画課	055-223-1358
長野県	長野県男女共同参画センター「あいとぴあ」	0266-22-5781
静岡県	静岡県生活・文化部男女参画室	054-221-2260
愛知県	愛知県県民生活部社会活動推進課男女共同参画室	052-954-6178

都道府県名	受付部署・窓口名	電話番号
三重県	三重県生活部男女共同参画チーム	059-224-2647
滋賀県	滋賀県企画県民部男女共同参画課	077-528-3071
大阪府	大阪府生活文化部男女共同参画課苦情相談専用窓口	06-6944-0900
兵庫県	兵庫県男女共同参画申出処理委員事務局	078-360-9001
奈良県	奈良県生活環境部男女共同参画課	0742-22-1101
和歌山県	和歌山県環境生活部共生推進局男女共生社会推進課	073-441-2510
鳥取県	鳥取県男女共同参画センター「よりん彩」	0858-23-3901
島根県	島根県環境生活部県民課男女共同参画室	0852-22-5245
岡山県	岡山県生活環境部男女共同参画課	086-226-7313
広島県	広島県環境生活部管理総室男女共同参画推進室	082-513-2746
山口県	山口県環境生活部男女共同参画課	083-933-2630
徳島県	徳島県県民環境部男女共同参画課	088-621-2177
香川県	香川県政策部青少年・男女共同参画課	087-832-3197
愛媛県	愛媛県男女共同参画推進委員	089-911-1124
福岡県	福岡県生活労働部男女共同参画推進課	092-643-3391
佐賀県	佐賀県企画部男女共同参画課	0952-25-7062
長崎県	長崎県県民生活環境部男女共同参画室	095-822-4729
熊本県	熊本県環境生活部男女共同参画課	096-384-3427
大分県	大分県生活環境部青少年・男女共同参画課	097-534-8477
鹿児島県	鹿児島県環境生活部男女参画室	099-286-2563

政令市

政令市名	受付窓口名	電話番号
横浜市	財団法人横浜市女性協会 男女共同参画相談センター 男女の人権相談室	045-862-5063
川崎市	川崎市市民局人権・男女共同参画室	044-200-2300
名古屋市	名古屋市総務局総合調査部男女平等参画推進室	052-972-2234
広島市	広島市市民局人権啓発部男女共同参画室	082-504-2108
北九州市	北九州市総務市民局男女共同参画推進部	093-582-2405

配偶者暴力相談支援センターの機能を果たす施設一覧

資料提供：内閣府男女共同参画局
2002年12月6日現在　102施設

北海道	
道立女性相談援助センター	011-666-9955
北海道環境生活部	011-221-6780
〃　石狩支庁	011-232-4760
〃　渡島支庁	0138-47-5789
〃　檜山支庁	01395-2-5785
〃　後志支庁	0136-22-5838
〃　空知支庁	0126-25-5648
〃　上川支庁	0166-46-5081
〃　留萌支庁	0164-43-0011
〃　宗谷支庁	0162-33-3399
〃　網走支庁	0152-45-0500
〃　胆振支庁	0143-22-5286
〃　日高支庁	01462-2-2921
〃　十勝支庁	0155-27-8526
〃　釧路支庁	0154-41-1110
〃　根室支庁	01532-4-5756
青森県	
青森県女性相談所 DVホットライン	017-781-2000 0120-87-3081
青森県男女共同参画センター	017-732-1022
〃　東地方健康福祉こどもセンター	017-734-9952
〃　中南地方健康福祉こどもセンター	0172-35-1622
〃　三戸地方健康福祉こどもセンター	0178-27-4435
〃　西北地方健康福祉こどもセンター	0173-35-2156
〃　上北地方健康福祉こどもセンター	0176-62-2145
〃　下北地方健康福祉こどもセンター	0175-22-2296
岩手県	
岩手県福祉総合相談センター 休日夜間	019-629-9608〜10 019-652-4152
宮城県	
宮城県婦人相談所	022-224-1498
秋田県	
秋田県女性相談所	018-835-9052
〃　大館鹿角健康福祉センター	0186-52-3951
〃　鷹巣阿仁健康福祉センター	0186-62-1275
〃　能代山本健康福祉センター	0185-52-5105
〃　秋田中央健康福祉センター	018-855-5171
〃　本荘由利健康福祉センター	0184-22-5434
秋田県大曲仙北健康福祉センター	0187-62-5355
〃　横手平鹿健康福祉センター	0182-32-3294
〃　湯沢雄勝健康福祉センター	0183-73-6100
〃　男女共同参画センター	018-836-7846
山形県	
山形県婦人相談所	023-642-2340
福島県	
福島県婦人相談所	024-522-1010
〃　男女共生センター	0243-23-8320
〃　県北保健福祉事務所	024-534-4155
〃　県中保健福祉事務所	0248-75-7809
〃　県南保健福祉事務所	0248-23-1538
〃　会津保健福祉事務所	0242-29-5278
〃　南会津保健福祉事務所	0241-63-0305
〃　相双保健福祉事務所	0244-26-1134
茨城県	
茨城県婦人相談所	029-221-4166
栃木県	
栃木県婦人相談所	028-622-8644
群馬県	
群馬県女性相談所	027-261-7838
埼玉県	
埼玉県婦人相談センター	048-600-6060
千葉県	
千葉県女性サポートセンター	043-302-1015
〃　女性センター	04-7140-8605
東京都	
東京ウィメンズプラザ	03-5467-2455
東京都女性相談センター	03-5261-3110
神奈川県	
神奈川県婦人相談所	045-313-0745
神奈川県立かながわ女性センター	0466-27-9799
新潟県	
新潟県女性福祉相談所	025-382-4152
富山県	
富山県女性相談センター	076-421-6252
石川県	
石川県女性相談支援センター	076-221-8740 076-233-3741

鳥取県	
鳥取県婦人相談所	0857-27-8630
島根県	
島根県女性相談センター	0854-84-5661
岡山県	
岡山県女性相談所	086-243-0022
〃 男女共同参画推進センター	086-235-3310
広島県	
広島県立婦人相談所	082-255-8801
山口県	
山口県男女共同参画相談センター	083-901-1122
徳島県	
徳島県女性支援センター	088-652-5503 088-623-8110
香川県	
香川県子ども女性相談センター	087-835-3211
愛媛県	
愛媛県婦人相談所	089-941-3490
〃 女性総合センター	089-926-1644
高知県	
高知県女性相談所	088-822-5520
福岡県	
福岡県女性相談所	092-711-9874
佐賀県	
佐賀県婦人相談所	0952-26-1212
佐賀県立女性センター	0952-26-0018
長崎県	
長崎県婦人相談所	095-846-0560
熊本県	
熊本県婦人相談所	096-381-4411
大分県	
大分県婦人相談所	097-544-3900
宮崎県	
宮崎県婦人相談所	0985-22-3858
鹿児島県	
鹿児島県婦人相談所	099-222-1467
沖縄県	
沖縄県婦人相談所	0985-22-3858

福井県	
福井県生活学習館	0776-41-7111～12
〃 総合福祉相談所	0776-24-6261
山梨県	
山梨県女性相談所	055-254-8635
長野県	
長野県婦人相談所	026-235-5710
岐阜県	
岐阜県女性相談センター	058-274-7377
静岡県	
静岡県女性相談センター	054-286-9217
愛知県	
愛知県女性相談センター	052-913-3300
三重県	
三重県女性相談所	059-231-5600
滋賀県	
滋賀県立男女共同参画センター	0748-37-8739
〃 中央子ども家庭相談センター	077-564-7867
〃 彦根子ども家庭相談センター	0749-24-3741
京都府	
京都府婦人相談所	075-441-7590
大阪府	
大阪府女性相談センター	06-6725-8511
大阪府立女性総合センター	06-6946-7890
大阪府中央子ども家庭センター	072-828-0277
〃 池田子ども家庭センター	0727-51-3012
〃 吹田子ども家庭センター	06-6380-0049
〃 東大阪子ども家庭センター	06-6721-2077
〃 堺子ども家庭センター	072-281-5306
〃 富田林子ども家庭センター	0721-25-2065
〃 岸和田市子ども家庭センター	0724-41-7794
兵庫県	
兵庫県立女性相談センター	078-732-7700
奈良県	
奈良県中央こども家庭相談センター	0742-22-4083
和歌山県	
和歌山県女性相談所	073-445-0793

※電話番号については，相談専用の電話がある場合には相談電話番号を，ない場合は代表番号を載せています。施設によって相談受付時間帯が異なっておりますので，各施設にお問合せください。

上野千鶴子の
ズバリ・インタビュー

女性政策の到達点とこれからの女性センター

樋口恵子（評論家、高齢社会をよくする女性の会代表）
聞き手 上野千鶴子（東京大学大学院人文社会系研究科教授）

日本版「NOW」をつくる

上野　本号では、女性政策の歴史の生き証人のような樋口恵子さんをお迎えして、日本の女性政策を振り返りながら、これからの女性センターのあり方について考えていきたいと思います。

樋口さんは「高齢社会をよくする女性の会」の代表をしておられて、高齢者問題といえば、すぐに樋口さんのお顔が浮かぶというほど有名な方ですが、樋口さんと日本の女性政策とのかかわりについてはご存じない方もいらっしゃると思います。そこで、最初に樋口さんの女性政策とのかかわりについておたずねします。

日本で官主導のフェミニズムが始まったのは一九七五年の国際婦人年（名称は当時）からです。その年に、市民レベルでは「国際婦人年をきっかけとして行動する女たちの会」（以下、行動する女たちの会）が発足しました。樋口さんもその創立メンバーのおひとりでいらっしゃいましたね。「行動する女たちの会」は歴史的使命を終えたということで九六年に解散しました。ですから、国際婦人年以降の日本における女性政策の歩みと樋口さんの個人史がみごとに重なりますね。

樋口　確かにそういう面はあるのですが、その前に一言申し上げたいと思います。「行動する女たちの会」が結成される以前から、女性の側から発言する機会はありましたし、発言する人々もたくさんいました。たとえば、日本婦人問題懇話会は六二年に発足しています。その会には、山川菊栄さん、田中寿美子さん、赤松良子さん、山崎朋子さんなどの女性が参加しており、その会から女性問題について発言していく人も大勢育っています。

私もメンバーのひとりで、その会を通して「刑法改悪に反対する女性たちの会」の立ち上げにかかわりました。また、七四年には、市川房枝さんや半田たつ子さんとともに「家庭科の男女共修を進める会」の世話人のひとりとなりました。テレビなどメディアの世界では女性のライフコースの変化を踏まえて俵萌子さん、吉武輝子さんらと、今思えばジェンダーを超えて平等なシステムをつくる発言を続け、一定の幅で受容されてきていました。七五年以前にそういう動きと女性たちの出会いがあったからこそ、「行動する女たちの会」も結成することができたのだと思います。

当時、市川房枝さんはアメリカを視察なさっ

樋口恵子（ひぐち・けいこ）

上野千鶴子（うえの・ちづこ）

て、帰国すると、「アメリカにはNOW（National Organization of Women 全米女性機構）*がある。日本にもそういう団体が必要だから、あなた方世代がつくってはどうか」と言ってくださいました。リブの活動では田中美津さんたち若いフェミニストの活躍が目立っていますが、「行動する女たちの会」を結成するときに中心的な役割を担ったのは、やはり、その先輩方からハッパをかけられた私たち世代から下の三〇代、四〇代（当時）だと思います。具体的には私には田中寿美子・参議院議員からお電話があり、第一回の集まりは今の市川房枝記念会館でした。オールドフェミニストたちが最初のきっかけをつくってけしかけてくれなかったら、なかなか立ち上がれなかったでしょう。先人たちの力が非常に大きかったと思って、私は感謝しています。

上野　「行動する女たちの会」は、ウーマンリブ世代と、それ以前からの婦人運動世代が合流してつくった動きだったわけですが、その中には「私はリブではありません。が、しかし……」というエクスキューズつきの参加の仕方もありました。それに対して、リブ派の女性たちから反発があったと聞いていますが。

樋口　私はこの会の創設には深くかかわりましたが、ちょうど、ひとりっ子として母を看取る時期と重なり、メキシコ大会も急遽参加を取りやめました。だから具体的対立の場面には立ち合っていないのです。しかし「自分こそリブ正統派」という人と、たとえば「リブじゃないんですが、離婚して子どもを抱えて困っています」という人がいても不思議はありません。そういう多様な女性たちがいたからこそ、この会は一九七五年という時期に役割を果たせた。多様性がこの会の一つの特徴です。男性中心社会の中で生活の重みを一身に担う中年女性がいて、生活に根ざした問題が見えてくる。シャープで行動的なリブ派若い世代がいて、パワフルに問題提起する。その両方がなかったら、たとえば離婚分科会の皆さんが女性のシェルターを東京都に働きかけて制度をつくるようなことはできなかったと思います。これは、女性への暴力に行政が関与するようになる、最初の動きでしたし、教科書の女性差別というか、女性の存在が消し去られている実態なども指摘し、女性を復活させたこともあります。

ひところ「中年リブ」なんて言いましたが、中年女性は、一方で親や子どもをにない、もう一方でそれなりに責任ある仕事を背負って、もっと伸びやかに息づきたいけれど、苦労のあげく手に入れた背中の荷物は失いたくない、という、「失うもの」をある程度持った存在です。そういう社会システムの中にいる中年女性が、職場の女性の地位ひとつ見ても、やっぱりおかしいと思って——定年差別なんてザラでしたからね——リスクを覚悟で集まった。私もそのひとりでした。

革新自治体が果たした役割

上野　その後日本では、国連主導の国際政治のもとで、政府レベルの女性施策が目に見える形で進展しました。八〇年にコペンハーゲンで開かれた「国連婦人の十年中間年世界女性会議」で、日本代表の高橋展子さんが女子差別撤廃条約に署名しました。八五年にはナイロビで「国連婦人の十年最終年世界女性会議」が開かれ、その直前にすべりこみで男女雇用機会均等法（以下、均等法）や国籍法の改正が成立し、女子差別撤廃条約が批准されました。そして、九五年の北京世界女性会議へと続いていくわけですが、こういうプロセスの中で、樋口さんと政府とのかかわりはどのようなものでしたか。

樋口　五五年体制の中で女性が行政の方針決定に

加わるのはなかなかむずかしかったのですが、私はなぜか四〇代のころから厚生省（当時）の中央社会福祉審議会の委員をしていました。縫田曄子さんと紅二点、分科会になると紅一点で、たとえば老人介護の嫁の負担について発言しても、理解されていない、と落ち込むことがよくありました。

七五年の国際婦人年には、生活保護費の食費の男女格差が問題にされました。私はこの事実は地方の女性民生委員から教えられたのです。縫田さんとあうんの呼吸で発言し、制度改正へ持ち込むことができました。「生活の中身を問うならトイレットペーパー代が男女で違う。食生活に関する費用の格差は、食物の入り口より出口の問題だ」（笑）と発言し、顰蹙《ひんしゅく》をかったことを今でも覚えている方がいます。縫田さんはもちろんもっと上品に、かつパワフルに話を進めてくださいました。

日本における女性運動と行政のかかわりについて言えば、見落としてはならないのは、七〇年代に全国各地で革新派を首長とする自治体がいくつも生まれたことです。現在と同等のジェンダー意識はなかったかもしれませんが、なにはともあれ、男女平等を政策の中に必ず入れざるを得ない革新派の首長が、東京、神奈川、埼玉など、全国各地に誕生しました。

上野　そうでしたね。あのときに東京都では、美濃部都政のもとで縫田曄子さんが民間人として初めて登用されました。

樋口　そうです。女性の局長を外部から登用するなんて、当時は革新都政だからこそできたことです。神奈川県知事は、江の島に全国初の県立女性センターを建て、民間人の金森トシエさんを館長に任命しました。住民である市民が、あるいは女性の活動家が外側からの要求だけでなく行政に関与するようになったのは、地方の革新自治体から始まっていると思います。

ちょうどそのころ、私も東京都の社会教育委員に任命されました。厚生省の委員になる少し前で、まだ四〇歳になっていなかったと思います。美濃部都政のはじめのころ、社会教育課長がわざわざ訪ねてきて委嘱されました。

上野　なるほど。それが社会教育とつながりをもつきっかけになったのですね。

樋口　きっかけというより、もうあちこち歩いていましたが、生涯学習型の女性グループとの付き合いはさらに多くなりました。講師として出向きながら、新しい学習スタイルの講座で主婦の思いにぶつかったり、論争している間に就職してしまった主婦も数多くいます。

ですから、七〇年代に革新側の地方自治体の首長が増えて、そこには少なくとも女性の声の受け皿があった。国の政府では労働省の婦人週間でさえ「男女平等」を掲げにくかった時代ですから。現在の国の女性政策の基礎もまたそこで築かれています。

上野　確かに、七〇年代は女性の生涯学習時代でしたね。しかし、各地の婦人会館は別として、今のような自治体設立の女性センターはまだありませんでしたから、生涯学習の拠点というと公民館でした。『主婦と女——国立市公民館市民大学セミナーの記録』や『子どもからの自立——おとなの女が学ぶということ』（共に未来社）などの著書で知られる国立市の伊藤雅子さんが、反対を押し切って初めて保育つきの講座を開いたのは六五年のことです。

その後、七七年に第一次国内行動計画ができ、「女性の社会参加の促進」が課題になっています。当時、「女性の社会参加」とは「生業以外の社会活動への参加をいう」という定義もあり、必ずしも就労を意味していませんでした。したがって、この場合の社会参加とはすなわち生涯学習であるということで、生涯学習事業が一気に広がっていきました。そういう中で、樋口さんも社会教育の担い手として活躍してこられたのですね。

樋口　そういう革新自治体の中に、婦人問題懇話会などの名称で、市民や女性有識者などから意見を聞くための会議も設置されるようになりました。東京都の場合は、七六年から婦人問題懇談会が設置され、私も九九年石原都政までは、名称が女性問題協議会に変わってからも委員をつとめ、最後には会長として「男女平等参画の推進に関する条例の基本的考え方について」をとりまとめました。青島知事から依頼されて、提出するときの知事は、石原知事に変わっていました。

上野　自治体行政の窓口では、女性政策の受益団体というと、主に地域婦人団体連絡協議会（以下、地婦連）だった地方が多いのではないかと思いますが、革新自治体だった東京都の場合は違ったのですか。

樋口　東京都では国際婦人年の翌年一九七六年に総合的担当窓口を設け、都民との対話集会を各地でひらき、行動計画を策定する、という方式が恒常化しました。民間有識者、女性団体をはじめとする委員会は、名称やメンバーは変わりましたが常に設置されていました。革新から保守に変わっても、そのころは国連という基準が共有されていましたから。都行政の女性委員を「限りなく半数に近づける」とか「家庭科男女共修」を差別撤廃条約が言及するはるか前に提言していますし、「参加から参画へ」も提唱していますし、「条例」もできれば国よりも早く、という願いがある反面、先発後進地と呼ぶ人も出るほど、なんとなく「金持ちけんかせず」というか動きがにぶくなっている感じはありました。

均等法成立の影響

上野　ところで、七五年から始まった、いわゆる「国連主義」の動きについては、樋口さんはどのように見ておられますか。あの当時、外圧がこないかぎり日本の男尊女卑の風潮は変わらない、「国連婦人の十年」という「黒船」がやってきたことが幸いしたのだという見方もされていましたが、女子差別撤廃条約の署名から批准にいたる動きについては、どのように評価しておられますか。

樋口　私は批准にいたる動きと広がりを、戦後日本の民主化と女性の地位向上の象徴として高く評価しています。はじめ日本政府は批准する気がなかった。それを『朝日』の松井やよりさんが一面に何段抜きかの大きな記事にした。『読売』『毎日』などにも、戦後男女平等の教育を受けて入社し、デスククラスに深尾凱子さん、増田れい子さんはじめ、多くの女性記者が育っていた。市川房枝・田中寿美子さんらの女性国会議員、そして既成の全国的女性団体あげての動き、私たちも言論や活動で声を上げる――その結果が政府の批准への方針転換でした。そうでなければ今もビデオに残るコペンハーゲン会議での高橋展子主席代表の署名の場面はありませんでした。

あの時期は、本当に右も左も含めて、利害を超えてまとまることができました。女子差別撤廃条約が批准できたのは、やはり、戦後の新しい時代の教育を受けて育った人たちと、古い時代のことをよく知っているからこそ新しい時代の到来を喜んだ女性団体との連携があったからだと思います。その意味で、非常に大きな波だったと思います。

上野　私も、あの条約を読んだときは、条約の内容と日本の現実との目もくらむような落差に唖然としました。よくこんなものが署名、批准されたものだと思ったほどです。しかし、その一方で、批准に間に合わせてすべりこみで成立させた均等法をめぐっては、タライの水ごと赤子を流すよりは何がなんでも今この時期につくるべきだという意見と、こんな均等法ならいらないという意見との間で、非常に大きな対立が起きましたね。

樋口　均等法については、平等の実現という観点からすると、労働基準法における保護規定は保護的でありすぎると思っていました。当時、申しわけないけれど私は均等法にはほとんど発言しなかったのです。しかし、どちらかと言えば、「この機会につくっておきましょう」という意見に賛成でした。そして条約を批准しましょう」という意見に賛成でした。

上野　当時の労働基準法の女子保護規定が保護的でありすぎるというのは確かにそのとおりですが、均等法はやらずぶったくりというか、一方で保護は返上、ただし平等の保障はないという内容でしたね。当時、日本の女性団体、特に労働団体が均等法の成立には激しく反対しました。

樋口　それはそうですよ。保護だけは労働組合の男性も認めてくれて、保護を勝ち取ろうとする婦人部要求には常に後ろ楯になってくれました。だから結果として、組合の男性たちにとっても受け入れやすい政策ということで、日本の女性労働運動は常に保護中心できました。「立てば生休、座れば産休、歩く姿は保育所づくり」なんていう言葉があったぐらいです。ようやく勝ち取ってきた保護なのですから、それを取り上げられてしまったら、組合の女性としては自己否定されたも同然と受け止めるでしょう。

しかし、それは、やはり差別につながる保護を含んでいたんです。私は、確かに均等法はやらずぶったくりだけれども、ぶったくられた部分をいつまでも抱えていて平等が達成できるとは思いませんでした。

たしかに均等法は、法律として見て啞然としました。新法ではなくて、勤労婦人福祉法を全面改正して制定されたもので、福祉的な部分を生かしたわけですからね。リブには反対の立場の弁護士の女性が、「平等は福祉的発想に立つべきではない、雇用の平等は人権の問題である」と言って、勤労婦人福祉法に均等法をかぶせたことを明快に批判していたのが印象に残っています。

私もその意見に賛成です。私は以前からむしろ保護されている女性の状況を男性にも広げていくのが人間らしい働き方ではないかと主張していました。

上野　私も「保護か平等か」という二者択一は欺瞞的だと考え、「保護も平等も」、そして「女並み」基準を男にも、と考えていました。が、政府の中には、均等法の成立は千載一遇のチャンスで、とにかく国会を通すことが至上命令であったという見方もあるようですが、その点についてはどう思われますか。

樋口　政府の側から見れば、そういう見方でいいと思います。しかし、労働運動や労組からみれば違う見方になるでしょうね。

労働の基本はしっかり労働して、女性保護ではなく母性保護の部分はしっかり保護し、その上で地位の平等も、というのが私の意見です。基本的には、生休はなくてもいい。それに匹敵する有給休暇があればよいと思います。

上野　八五年の均等法成立に関する評価は、どの位置から見るかによって変わってくるということですね。当時、私は名もない草の根の市民運動の中にいましたから、そういう私の目から見ると、均等法のときの敗北感は、アメリカにおけるERA（男女平等憲法修正条項）運動の挫折に匹敵する、日本の女性運動の中でのトラウマになっているように思います。七〇年代後半から一〇年近く、「私たちの男女雇用平等法をつくる会」などが検討を続けてきたのに、労使の交渉のテーブルで、労働者側が使用者側に、譲歩につぐ譲歩を強いられた経緯がありますから。なにしろ「雇用平等」が「機会均等」にすりかわってしまいましたからね。

その年の一一月に労働省の婦人青少年室が、均等法は女性の職域拡大をねらうものだから、「男子のみ募集」は禁止だが「女子のみ」はOKという施行細則を出しました。そのときにも批判が集まりましたが、六月に均等法が成立した際の敗北感が非常に大きくて、あらためて運動を組織しようと思ってもできない状態だったように記憶しています。

樋口　そのあたりの見方が少し違うのではないかと思うのです。今思えば、当時の労基法で定められていた女性保護並みの労働時間は、その後の改正で、実際にはもう日本でも制度上は実現してしまっています。しかし、当時はまだ、論にすぎなかった。企業にしてみたら、それこそ女性を男性と同じように均等に扱うこと自体が驚天動地だったわけです。

上野　とすると、樋口さんとしては批判はあっても、あの時期に均等法ができたことは積極的に評価すると……。

樋口　はい。ただ単純に諸手を挙げて評価するわけではありません。ですから、私が賛成派に立って積極的に旗を振らなかったことを、批判されることもあります。

日本の現状では、あのとき通さなかったらもっと遅れただろうということもまた現実なのです。結論的に申し上げれば、今度（九七年）の改正均等法はまあよくできていますが、問題は均等法の枠からはみ出た非正規雇用者が特に女性に多く増えて、法の実効性が減っていることではないでしょうか。でも、あのときあの程度のものでもできていないまま、何もないところに、初めから改正均等法並みのものをつくろうとしたら、今日でも非常に大変だっただろうと思いますよ。

男女平等は目標、男女共同参画は手段？

上野　日本では、それまで女性政策は労働政策や福祉政策の一部と捉えられており、独立した政策とは考えられていませんでした。国際婦人年を契機として、いわゆる国連主義のもとでつくられた総理府の婦人問題企画推進本部は、行政のテリトリー争いから労働行政や福祉行政についてはそれぞれの省の管轄権のもとに置かれ、せいぜい「女性白書（『女性の現状と施策』の通称）を刊行する相対的に非力な担当部局にすぎませんでした。均等法成立にいたる紆余曲折は、このような日本の女性政策の流れを反映しているといえますね。逆に言えばそのために、いわゆる女性行政は地方自治体のもとで展開してきたとも言えます。

八七年に出た第二次行動計画（「西暦2000年に向けての新国内行動計画」）でも、施策の基本的方向の重点課題は、労働でも福祉でもなく、やはり「意識改革」でした。この第二次行動計画の中で、初めて「男女共同参画」という言葉が出てきます。このときの座長の利谷信義さんが「男女共同参画」という言葉の定義をしています。それがおもしろい定義で、「男女平等はゴールであり、男女共同参画はプロセスである」というのです。ところが、これを英語に訳すと、「男女共同参画」も「男女平等」も、ジェンダー・イクォリティですから、「ジェンダー・イクォリティはゴールであり、ジェンダー・イクォリティはプロセスである」となって、まったく意味をなしません。この「男女共同参画」というややこしい言葉は、どこから出てきたのでしょう。

樋口　「男女共同参画」という言葉に落ち着いていく過程には、私見をまじえて言えば、二つの流れがあると思います。

一つは、もともとこの言葉は各界の男性に存在する平等アレルギーへの対応策として生み出されたものだということです。均等法の成立については、結果の平等を目指さないことを大前提として、やっと使用者側がテーブルについたという経緯があります。私たちはあくまでも方針決定に女性が参画する、頭数だけ女性がいればいいと誤解される「参加」ではなく「男女共同参画」という言葉を使ったのですが、結果の平等を目指すことはいまだにタブー視する人が少なくないのです。その視点から見れば「共同参画」は妥協の産物です。

しかし、ここ十年ほどの女性運動を見ると、妥協の産物としての「男女共同参画」を、女性たちが積極的に参画する活動によって、物事を決定する過程の風景を変えていっています。そう考えてみると、確かに、「男女共同参画」というほうがダイナミックな感じがします。私はかなり最後まで抵抗して「男女平等」という文言を主張したひとりですが、考えようによっては「参画」というほうがダイナミックな動きのある言葉だと思って、最終的には妥協しました。

上野　なるほど、そういう経緯があったのですね。しかし、「男女共同参画」という言葉は、第二次行動計画の中でも、生涯学習のような意識啓発事業の中で使われてきましたので、実質的な政策への帰結としては、「男も生涯学習の対象にしなければならない」という方向になってしまいました。つまり、女性センターで男性向け講座も開くという形で動いてきました。八〇年代には各地で女性センターの建設ブームが起き、そのころから官主導フェミニズムとか行政フェミニズムという言い方が出てきましたが、それはどう見ておられましたか。

樋口　その流れについては、うまく答えられるかどうかわかりません。とにかく、八九年にベルリンの壁が崩壊し、日本でも九三年に自民党一党政治が崩壊し、連立政権になった。そして、最終的には、「自社さ政権」ができました。雪崩の中の組替えみたいな現象が起こって、女性政策も、国際的潮流にも助けられてその政策の中に取り込まれるというか、取り入れられていきました。

　この時期に私が審議会などでかかわった法律は、男女共同参画社会基本法（以下、基本法）も地方分権一括法も介護保険法も、すべて「自社さ政権」時代の成果であり遺産です。今、遺産を食いつぶしてしまったからバックラッシュの波が高くなったのか、遺産の大きさにびっくりして脅えているのか。いずれにしろ普遍性をもつまっとうな遺産です。

　つまり女性政策は、政策というからには政治的になるのは当然のことですが、それにしても政治の所産です。それまで地方自治体の中でかすかに息づいていたような政策が、このような政権の枠組み変化の中で、そしてまた、まさに経済のグローバル化を含めた国際的潮流の中で、女性政策を国の政策の中に取り込まざるを得なくなった。基本法も、私は成立するまでもっともたつくかと思いましたが、すんなり成立しました。

ニューヨーク会議への手土産だった？基本法

上野　本当にそうですね。こういう流れの中でいちばん大きな達成は、基本法の成立であると言えますね。基本法の成立によって、女性政策はローカルからユニバーサルへ、女性向けの傍流から領域縦断的な主流化へという、パラダイム転換を果たしました。基本法までたどり着いて、女性政策がようやくそれまでの意識啓発、生涯学習型のモデルを完全に脱皮しなければいけないところまできたのだと、私は考えています。
　実際上、基本法ができたからといって現場が急に変わるわけではないのですが、とりあえずは内閣府に男女共同参画会議という機構もでき、基本法という法的根拠もできたのは、七五年から約四分の一世紀を経て日本の女性政策が到達した地点であるという感慨がありますが、樋口さんは基本法の成立についてはどういう見方をしておられますか。

樋口　私は起草委員の中には入っていませんが、九七年の正式の審議会（男女共同参画審議会）から委員になりました。何を盛り込むべきかについては、論議にかかわらせてもらいましたし、言うべきことは言ったと思っています。

しかし、あの審議会でもっと驚いたのは、法制局からできあがった条文を見たら、答申よりも進んでいたことです。たいていの審議会では、民間人による委員が提案した内容は法制化の段階で値切られるのが常ですから。介護保険などもその一つです。それで、あれを成文化した人はどういう方々なのだろうと、感心したものでした。

そのあと衆議院の内閣委員会で参考人として意見を述べる機会がありました。現在のバックラッシュの内容に近いご質問をなさる議員さんもありましたので、こんなふうでは、どこか修正されるのかしら、と思っていたのに、超党派で、全会一致で国会を通ってしまった。「ご時勢じゃ」という感じです。

上野　驚くべきことに、基本法を通した九九年のあの国会は、「日の丸・君が代国会」と同じ国会なのです。女子差別撤廃条約の内容と日本の現実との間には目もくらむほどの落差がありましたが、基本法に書かれている理念と日本の現実との間にも、あまりにも大きな落差があるので愕然としました。それが、あの日の丸・君が代国会で、超党派の全会一致で通ってしまったということの意味は、実は中身をよくわからずに通したということなのでしょうか。

樋口　議論に時間をかけなかったわけではないのです。特に参議院に初当選した元気のいい女性議員や女性問題にくわしいベテラン議員もいらっしゃいましたし。だから参議院先議で、前文が付け加えられました。「二十一世紀の我が国社会を決

定する最重要課題」という表現は、よくぞ入ったと思います。「最重要課題の一つ」ではなくて、最重要課題そのものなのですから。また、審議会で提言したメンバーが全国各地の女性の意見を聞くキャラバンを行ないました。

「基本法」が順調に成立した追い風は少なくとも、四つの方向から吹いてきました。一つはもちろん北京効果、NGO効果に見られる、女性たちの行動の広がりと意識の高まり。それはもちろん国際婦人年以来、いやもっと前からの積み重ねですが、層を問わず女性が社会的なさまざまな場面に参画するようになった。追い風の基盤となる女性が増えたこと。二つ目の追い風は、社会全体が構造的変革の必要を認めはじめたこと。これは政権政党である自民党がいちばんよく認識していたんじゃないですか。中央省庁改革も地方分権も行財政改革も「変わらなくちゃ」というのは橋本内閣当時すでに総論としては異論はなかったと思います。

第三に、その与党の実力者野中広務氏が官房長官として男女共同参画担当大臣であり「基本法」成立に明確な意思をもっていたこと。国会の委員会でも論議の間、何時間も席を立たず見守っていらっしゃったと聞きました。信念をもって通そうとする実力ある政治家がいるかいないかで法案の行方が決まる、というのは他の法案をみてもまぎれもない事実です。また、政治家の使命です。

それからもう一つ、私がひしひしと感じたのは手土産効果。女子差別撤廃条約の批准は、八五年のナイロビ世界女性会議で、世界の舞台で批准を宣言するタイムリミットがあった。それと同じではないかということです。その後九五年に北京会議があった。日本に近いせいもあって非常に盛り上がって、その五年後の二〇〇〇年に開かれるニューヨークの世界会議はもっと大きなものになると、みんなが錯覚というか期待したのです。それに携わる政府、与党関係者は、二〇〇〇年にニューヨークで日本政府が高らかに「基本法」の成立を宣言して、世界の注目を集めようと思ったのではないでしょうか。

上野　手土産という発想だったのですか。国連主義の延長ですね。

樋口　私はそう思っています。まあこれも一種の黒船効果ですね。あまり、言われないから間違いかもしれないけれど、暗黙のうちに世界の桧舞台効果に向けてみんな走り出したって感じ。

上野　九五年の北京会議は、私の経験からも、草の根女性運動の国際発信の場としては、本当に感動的でした。特にNGOフォーラムの中で、それまで受信型だった日本の女性が発信型に変わりました。しかも、自分たちが日常活動で積み重ねてきたことが、国際水準と比べても引けをとらないことを実感して帰りました。戻ってきてからあとのインパクトと波及効果も非常に大きかったから、今のお話を聞くと、では次はニューヨークだというので、政府に一定の効果を与えたということは十分想像できますね。それはすばらしいことです。

樋口　北京に参加した人はもちろん政府や政治家も、二〇〇〇年にはまたすごい会議が行われるだろうと思ったのではないでしょうか。ニューヨーク会議では、もともとNGOフォーラムの規模は大きく設定しないという形で動いていたのですが、でも、北京を目の当たりにしていたので、そうはいっても大きくなるだろうと期待したと思います。

上野　結果的にアテがはずれたにしても、北京効果、NGO効果ですね。

樋口　そう。私は北京効果、NGO効果、実力者効果、ニューヨーク期待効果という四つの追い風の相乗効果だったと思います。ニューヨークがあの程度の規模でがっかりした人は、私を含めて多いと思います。もっとNGOの活躍の場がほしかった。

手土産効果が先に立ち、内部の異論と十分に論争していなかった面があります。今バックラッシュが起こっているのは、遅ればせな論争かもしれません。ここのところのバックラッシュは、九・一一以降の世界の対立の構図を背景に、勢いづいている面もありますけれど。

限りなくブッシュ政権に近い考えプラス国粋主義。因習と伝説との区別ができない人たち。そういうタイプの男への子守り唄を今さら歌う気はないから、私はこれまで生きてきたように生きて、そうこうするうち一生を終わっていますよ。「出発点を考えれば、まあ、いいところまで来たわさ」と言って、私は満足して死ぬ。あとは、上野さんたちががんばってよ（笑）。

バックラッシュの背景にあるもの

上野　ピュリッツア賞を受賞したジャーナリスト、スーザン・ファルーディが『バックラッシュ』（邦訳、新潮社刊、一九九四年）を書いたのは九一年でした。あれはレーガン政権時代の産物でしたけれども、イギリスでは八〇年代のサッチャー政権がまさにバックラッシュでした。一方、日本では九〇年代に入ってからバックラッシュが始まり、ここ数年、非常に激しくなってきています。この現象をどう見るかということですが、それは日本では五五年体制の崩壊が非常に遅れたせいで、小泉改革が二〇年遅れのネオリベラリズム改革だという歴史的時差と関係しているのか、それとも何かほかの要因があるのか、その点についてはどうお考えですか。

樋口　上野さんが今おっしゃったような時差の問

題もありますけれども、それよりも、必ずしも内発的なエネルギーが十分とはいえない中で、政府側の手土産効果などによってできた一種のひ弱さをつかれているんじゃないでしょうか。日本の実情と乖離したままで、法制度的な変革ができてしまったということでしょうね。その中身にやっと気がつき始めたといえると思います。女性側もまだ中身が十分にでき上がっていないんです。

上野　ということは、それまでは女の力に侮りがあっただけでなく、女の側の政治的力量も十分に成熟していなかった、と。にもかかわらず、基本法を超党派満場一致で可決してしまったのですからね。

樋口　油断だったと、いみじくも言っている論客がいらっしゃいます。

上野　「セクハラ」が流行語大賞をとった八九年以降、「セクハラ」についての認識もずいぶん広まりました。その中で、たとえば「女は嫁に行くのが一番だ」と言ってもセクハラにあたるという見方を、労働省が改正均等法の「指針」で示しましたが、それに対して「思想・信条の自由だ」ということをおっしゃる方が出てきました。「思想・信条の自由」は、もともとは少数派の権利擁護のために使われた言葉ですが、最近は、保守派のバックラッシュの言説に使われています。保守派の人たちは自分たちが時流に抗する側、つまり少数派になったという自覚をもっているのでしょうか。そのために、ますます攻撃的になっているということもあるのではないかと思いますが。

樋口　それは、女性たちの力がそこまで到達したということの証明でもあると思いますし、彼らが少数派に追いやられようとしていることへの焦燥感でもあると思いますよ。脅えはときに人を必要以上に攻撃的にさせますから。ですから、理屈に適う反論ではないし、何よりも現状認識と未来への展望に欠けています。

上野　こういうバックラッシュは何に原因があるかを考えると、大きく分けて、「バックラッシュする側」に原因があるというものと、「される側」にも原因があるという両方の考えがありますね。

樋口　それはそうでしょう。

上野　たとえばバックラッシュする側に原因がある場合には、今お話があったような保守派の危機意識も原因としてあるでしょうし、「おやじ癒し系の気休めにすぎない」という意見もあります。

批判の対象が、条文の文言や用語のような名目的な事柄に関するものが多く、メンツや権威を賭けた一種の象徴闘争という趣きがあります。法律や条例で世の中が変わるわけでもないので、それに抵抗しても、実質的に得るものも失うものもないメンツの争いでしょう。今日のバックラッシュとは、そういう性格のものだという見方もできるだろうと、私は思っています。

それに対しては、樋口さんご自身が実に見事に反論していらっしゃいました。象徴闘争という点では「男女平等」派も同じでしょう、と。これまで獲得してきた基本法をはじめとする男女共同参画の政策的な成果は、ある意味では名目的なものであって、女の現実そのものを揺るがすほどの大きな変化をもたらしたわけではない。実際、法律の効果ってその程度のものだろうと思います。

そうすると、象徴と象徴がぶつかりあっているのだから放っておけばよろしいという見方と、だからこそ譲れないという見方と、両方があると思いますが。

樋口　私がよくわからないのは、千葉県の条例にしても反対派がなぜこうも大声で反対するのかということです。女性運動の歴史の中で、バックラッシュは今初めて起こったことではありません。雇用均等法など労働問題などについては厭味を言う程度でしたが、二度目の優生保護法改悪の動きには、非常にはっきりとした政治勢力として見えてきました。選択的夫婦別姓やリプロダクティブ・ヘルス／ライツなどの問題では、その力が一段と強まっています。なぜこういう事柄がこの人たちの存在の根幹にかかわる問題なのか。命綱というか、シンボル効果には違いないと思いますけれども。シンボルであるからには利害調整などでの妥協はむずかしいですね。進める側が完全に多数派になるより仕方がない。でもその日は遅かれ早かれ必ずやってきます。

上野　そうですね。でも、その点については、バックラッシュする側の危機感がそこまで深いという解釈もできるのではないでしょうか。

反対にバックラッシュされる側の原因としては、何が問題であるとお考えですか。

樋口　本当に男女共同参画社会が主体的内発的な要求になっているかどうかということが、まず一つですね。もちろん主体的な要求に基づいているとはいうものの、中には政府のお墨付きを得たから安心して活動しています、参加しています、女性センターにも来ますという層も、実は少なくないということも知らなければならないだろうと思います。風向きが変われば、潮が引くように引いていく人たちもいることを忘れてはならないでしょう。そういう人たちへ説明するための、相手の心に届く言葉と論理が常に用意されていたかどうか。共感を共有するための事例をあそこにもここにもつくってきたか。その方法をいつも磨いていただろうか。この点に関して言えば、特に若いフェミニストや女性学の研究者に申し上げたいことですが、すべてを内輪の言葉で語りすぎていないでしょうか。もちろん理論や論文はそれでいいのですが、今は読者も相互乗り入れですし。自分は研究者であって運動家ではないから自分の業界用語でしゃべるのが当然、とおっしゃるかもしれません。しかし男女共同参画の基礎となる女性学・ジェンダー論がここまで一般化したとき、まして行政の政策の文脈で語るとき、だれに向かってどんな言葉でどう語るか、内容は決まっていてもその工夫を凝らして注意深く取り組むのが専門家の力量というものではありませんか。「男女共同参画社会はいまだ実現せず、女性の人権いまだ確立せず」という現状認識があるからこそ「基本法」ができたのです。その意味で現状追認の法ではなく理想追求の法です。これを現実社会のものとするため、歴史の流れをつくる前面に立つ責任を専門家だからこそもってほしいと思います。

市民社会への基盤整備ができた「獲得の一〇年」

上野　火の粉が私のほうに飛んできたような感じですけれども、おっしゃりたい気持はわかります。バックラッシュされる側に理由があるという点では、額面どおり、図式どおりの、タテマエ平等を旗に掲げて、その背後にあるさまざまな複合的な状況に目配りが足りず、かつバッシングがくると極めて打たれ弱いというような、フェミニスト側の対応の拙劣さは確かにあると思います。

それでも、私はこんなふうに思うのです。行政フェミニズムが政治の場で今頃問題になるならば、ではなぜ八〇年の女子差別撤廃条約の署名のとき、八五年の批准のときに反対しなかったのか、なぜ基本法のときに反対しなかったのか。実際には条約は批准され、基本法も制定されたわけです。逆に言えば、バックラッシュの批判に対しては「政府の方針どおりにやっているだけです」という対応の仕方だってありますね。

樋口　今激しいバッシングを直接受けているのは地方自治体の男女共同参画条例ですが、反対派の人たちは、地方分権に反すると、みんな「分権」を逆手にとってきます。ですから、「行政である以上、憲法と基本法の枠内で行動しております」というほうが、説得力があるでしょうね。条例制定権も国の法令に反しないという制約があるのですから。基本法は、国際条約と憲法を遵守しており、地方分権との関係も九条、一四条などに明記されています。

サッカーのワールドカップがおもしろいのは、万国共通のルールをつくり、どこの国のチームもみなこのルールブックに則って試合をするからです。

基本法もこれと同じです。日本国民であるからには、地方で決めていいことは日本国民としての共通のルールブックに反しないのは当たり前です。しかも、基本法は女子差別撤廃条約という世界共通のルールブックに基づいて日本政府がつくった国内共通のルールブックでもあるのです。ですから、「どこの自治体であっても、そのルールからはみでることは日本国では許されない」と言えばいいのではないですか。

上野　本当にそうですね。対応の拙劣さの背後にある担い手の問題については、なかなか厳しいご指摘をいただいたわけですが、私はずっと草の根運動の側に身を置いてきましたので、八〇年代以降のフェミニズムを一言で「官主導フェミニズム」と言うことに対しては、それは事柄の一面しかみていない、その要素がないとはもちろん言わないけれども、それだけでここまで来たわけではなかったと言いたい思いです。

樋口　多くの女性はPTAとか婦人学級とか消費者学級とか、どこかで行政とかかわるルートを通ってきているのですよ。草の根活動が力を増して、官の中に位置を占めるようになったとも言えます。官の側が一定の民主的変化を遂げたこともあります。

そのかわり、妥協もしなければなりません。私など、「度胸の樋口」と言われてきたけれども、このごろでは「妥協の樋口」と言うことにしています。しかし、妥協することは決して悪いことではありません。私は、女性政策も、現状の力関係の中で、意見の違いを出し合って、妥協しつつ前へ進む時期にきていると思います。

上野　先ほど、フェミニズムが制度化、主流化したために、それに後から乗っかってきた人たちがいるというご指摘もありましたけれども、草の根ラディカリズムの担い手からは、そういう動きに対して、「国策フェミニズム」という批判も出ています。

樋口　国策にするために先輩やその場にいた人たちのどれだけの苦労があったか考えているのか、と言っていればいいではありませんか。

上野　抵抗勢力に対して実際に腰の引けた対応や拙劣な対応をしているのは「国策フェミニズム」の担い手だと思いますけれども……。

樋口　というよりも、行政そのものでしょう。それはしようがないですよ、役目でやっているのですもの。その人たちにフェミニストになれ、と言えますか。仕事に対して公僕として忠実であれ、とは言えますが。

ネオリベラリズムであろうが、フェミニズムであろうが、行政フェミニズムであろうが、レッテルをはって非難する道を私は選びません。いろいろいる中でブレのない多数派を形成するのが日々の活動です。実態として、この社会はもう人生一〇〇年時代になってしまったことが運のつき、私の立場でいうと運の始まりだと思っているのです。人生一〇〇年時代ということは、少子・長寿社会なのですから、男も女も、たとえば家族の具体的ケアから免責される人はひとりもいなくなる社会だということです。それはもう、火を見るより明らかです。

たとえば、八〇年代から九〇年代初めは、職場でキャリアプランづくりの担当者がキャリア形成のアドバイスをするのは、女性が対象でした。それが今日では、課長や課長候補の男性たちもみな家庭の問題を背負うようになり、男性に対してもライフプランとキャリアプランの両方を見ながらアドバイスせざるをえなくなった——。

ですから、九〇年代の変化について総括的に言うならば、通信傍受法（犯罪捜査のための通信傍受に関する法律）など歴史に逆行するような法律もできましたし、アメリカのエコノミストが言うように経済的には「失われた一〇年」であったかもしれないけれども、それだけでは説明しきれないと思います。

国際的な潮流の中で、日本は八五年に均等法をつくり、女子差別撤廃条約を批准した。さらには、九二年に育児休業法（以下、育休法）が施行された。育休法が成立した最大の原因は八九年の合計特殊出生率の一・五七ショックであるけれど、それはＩＬＯ一五六号条約の批准につながる「男女ともに育休がとれる」という画期的な内容でした。その後、育休法は、高齢者介護の問題が社会問題化したことによって、諸外国に決して遜色のない育児・介護休業法になりました。

それから、九五年に発生した阪神淡路大震災を契機にＮＰＯ法（特定非営利活動促進法）が成立しました。これも内容が薄いと批判されつつも、官と民との対等なパートナーシップの足掛かりになりました。国が「民」を認知した初めての法律です。それを裏打ちするものとして、情報公開法（行政機関の保有する情報の公開に関する法律）ができ、私が直接かかわった三つの法律、地方分権一括法、介護保険法、男女共同参画社会基本法ができました。また、改正均等法もできました。ＤＶ防止法、児童虐待防止法、ストーカー防止法等々の法律もつぎつぎと成立しました。キーワードは二一世紀対応「対等なパートナーシップの形成」です。

ですから私は、バックラッシュに見舞われて悔しいって切歯扼腕していても、心の底では「バンザイ」と言いつつにっこり笑って死にますよ。確かに今の状況は厳しいものがあるし、九〇年代は経済・金融・財政的には「無策の一〇年」「失われた一〇年」というのも事実でしょう。二一世紀が自立した市民同士が支えあい参画する時代を目指しているとするならば、九〇年代は二一世紀の市民参画型社会の基礎固めができた。その意味で、市民社会への基盤整備ができた「創造の一〇年」としてとらえることができます。

上野　五五年体制が崩壊し、日本型システムを変えなくてはならないという合意ができたという点では、確かに九〇年代に対する評価はもっと高くてもいいですね。そのおかげで介護保険法も成立したのですから。その背後に樋口さんたち、高齢社会をよくする女性の会の左右両翼の女性を含む幅広い連帯と活動があったことは忘れることはできません。メディアは何かといえば介護保険の欠陥ばかりを指摘しますが、それも制度を使い廻しながら改善していけばよいので、この制度ができたことは、ないよりもずっとよかった、というのが私の見方です。

女性センターの「前門の虎、後門の狼」

上野　女性センターに話題を移したいのですが、女性センターの歩みをざっと振り返ってみますと、七〇年代以前は、主に地婦連などの民がつくった婦人会館が女性の活動拠点になっていました。七〇年代に入るころから、先ほどの樋口さんのお話にもあったとおり、生涯学習の場として公民館が中心になっていきました。

官主導の女性センターが次々につくられるようになったのは、八〇年代に入ってからのことです。しかも、八〇年代後半のバブル経済期には箱物行政と結びつき、地方自治体が非常に豪華な建物を建てるようになりました。しかし、九〇年代

に入ると、早くもバックラッシュが始まります。この『女性施設ジャーナル』が創刊されたのは九五年です。創刊号の特集が、なんと「まだ必要か、女性センター」というものでした。つまり、この雑誌はバックラッシュの最中に船出したのです。そのときの特集の結論は「まだまだ必要だ、女性センター」というものでした。それ以来八年間、刊行し続けてきて、今号で終刊号を迎えます。

このような時代背景のもとで、女性センターに今後何ができるのかということですけれども、「前門の虎、後門の狼」という故事がありますが、女性センターにとって「前門の虎」にあたるのは、言うまでもなく、行政改革です。その点については、一方で東京都の女性財団廃止があり、もう一方では大阪府の女性センターのNPO委託のプランがでてきました。一方、「後門の狼」にあたるのは、今お話ししてきたバックラッシュでしょう、そのほかにも、基本法成立以降の女性政策のパラダイム転換に、現場の担い手たちが追いついていない、対応しきれていないという問題もあります。このような女性施策をとりまく環境の激変の中で、女性センターの現場が、担い手やシステム、経営、雇用のあり方などを含めて、どうやって変わっていけるのかが、今、非常に大きな課題になっています。

樋口 私は「女性と仕事の未来館」の館長でもありますからもちろんひとごとではありません。

先日（二〇〇二年一〇月）、横浜市女性協会の有馬真喜子さんはじめ全国から参加して福島で「会館サミット」があり、私もパネルディスカッションに加わりました。世の中広いもので、堂々と「女性地方議員を増やす」ことを活動目標に掲げるセンター、広く世界に向けて情報発信しているセンターなど実にさまざまでした。「前門」のほうの行革、財政面のきびしさはどこも同じだと思います。「女性と仕事の未来館」は厚生労働省から事業を委託されているわけですが、これからは自前でもっと稼ぐようハッパをかけられています。「後門」のほうは、広く女性センターが協力して受け止めなければならないでしょうね。原則論を言えば、地域の利用者や女性グループが支えてくれる形になるといいと思います。私は東京都女性財団廃止は、たんに財政の必要からの行革ではなく、男女共同参画つぶしのあらわれだと理解しています。他の財団は結果としてほとんど残ったのですから。でもその財団をつくるとき都民女性が基金をする形で始まっていたら、こんなつぶされ方もなかったと思います。「未来館」は改正男女雇用機会均等法はじめ労働の分野に的を絞りつつ、「基本法」にも盛りこまれたポジティブ・アクションを進めるのが責務だと思っていますから、仕事の中味に悪影響はないと思います。

上野　女性センターもポジティブ・アクションの賜物です。その点では、抱えている課題は同じではないでしょうか。たとえば、「前門の虎」にあたる行革のもとで、東京都は直営館化するという、時代に逆行する動きをしましたが、この時代に、もはや「大きな負担・大きな政府」はありえませんので、他方でNPO委託という、「公設民営」の「民」を本物の「民」にしていこうという動きも起きてきている。これは、要するに安上がり行政というか、経費節減という行革路線ではあるのですが、動機は不純ですけれども、私は結果よければオーライと思っておりますので……。

樋口　けっこう、あなたも「妥協の上野」なんですね（笑）。

上野　いいえ、私はリアリストなのです。ですから、ある意味では、女性センターが変わるチャンスであると捉えているわけです。親方日の丸で採算を考えずにすんできた女性センターが、これからは経営を考えながら、民営を実のあるものにしていくという方向が出てきたことについては、いいことだと思っています。

しかも、先ほど「九〇年代は市民参画の基礎をつくった時代だ」とおっしゃったように、市民の間で受け皿が育ってきています。NPO支援センターのような形で実を結んできているわけです。ところが、女性センターで育った女性団体がNPO支援センターのほうへ出ていき、政策の転換についていけない女性センターの現場が相変わらず生涯学習型の事業をやっていて、せっかく育てた団体と人材を生かしきれていないように思えます。

樋口　私がかかわってきた高齢社会の問題でも福祉の分野ではジェンダー意識のない人が多い。そして「男女平等」をうたう人は、ボランティアあるいは地域の共助などというものは、いまだに政策の下請けである、という考え方から抜けきれない、ということはありますね。

上野　NPOの下支えをしているのは女性であるにもかかわらず、実のところはジェンダー視点があまりありません。NPOのモデルは、役員がいて、理事会があって、定款があって……、要するに企業モデルと同じです。市民団体がNPOとして法人化できることになったら、とたんに男が元気になったと言われているぐらいです。

その一方で、女性センターで経営力、事業力をつけて育った団体が女性センターから出ていくという妙な現象が起きているような印象を、私は受けています。

樋口　私はそこから育つ基地としてのセンターであっていいのではないか、と思っています。ただし、ネットワークのメンバーとしては残ってほしい。いたるところに、部分的にでいいから目標を共有できる人々がいる。ときには二股かける。複数の場に席を置く。日本では「金太郎アメ」と言っておたがいに笑い合うほど私も私の仲間もいろんなグループに顔をつっ込んでいますが、それだけでなく、ちょっと肌合いの違う人やグループと出会うって大切だと思います。センターはその小さな「共通項」であればよい。たとえば「高齢社会をよくする女性の会」は、ジェンダーに敏感で女性運動から入った人と、福祉の専門家・福祉マインドの高いボランティア、学習意欲が高い学習グループ、大ざっぱに分けて三つの入り口、いやもっとバラバラでしょう。それが自分の「老い」を通して、また政策実現の筋道を見てジェンダーをも理解していく。この二十年のあいだに、老いや介護に対する地方女性議員の意識調査を行ない、福祉の実施主体である地方に、女性議員が増えなければいけないことを実感。地道に活動の柱の一つに据えて、着実に増えてきています。

話は変わりますが、私は「女性と仕事の未来館」の基本構想を立てる検討会の座長になった時に、職員たちの働き方について多様な意見を聞いて真剣に考えた。その結果、センターの職員は常勤と非常勤の両方いていいと思うようになりました。実質的な事業に携わる非常勤の専門職員もいいのではないかと考えたのです。もちろん、それはパートで安く使うという意味ではありません。むしろ、女性問題に関する時代の風、多様なニーズに応じた専門職を採用し、専門職としてしっかり処遇して、五年なら五年在任してもらうというあり方も必要と考え、そういう報告書を出しました。常勤万能の考え方とは違うけれど、女性問題の中心が時々刻々と変わっているわけですから、たとえば相談員も一部は任期制にして、交替するようにしてもいいと思っています。

上野　そうですね。最近では、私も任期制がいいのではないかと考えるようになりました。ただし、任期制で雇用保証がないなら、同じ仕事をしている正規職員以上の待遇を保証するべきだろうと思います。そう考えるようになった理由は、一つには、女性政策のパラダイム転換に現場の担い手の意識も能力も追いついていない、対応しきれていない現実が見えるようになったからです。生涯学習畑を一生懸命に専門職として歩んできた人たちに、時代が変わったから頭を切り替えなさいと言っても、準備がないのだから、無理なのは当たり前のことですから。

もう一つは、女性センターの雇用形態の問題です。女性センターには女性に対する雇用差別が集約的な形で現れていると思うからです。私はその点で新しい流れをつくる可能性を秘めているのがNPO化だと思っているのですが。

NPO化の可能性

樋口　上野さんがおっしゃるNPO化というのは、具体的にはどういう内容ですか。

上野　民間団体委託のことです。大阪府ではドーンセンターをNPOに委託しようという動きが出ています。

NPO委託の大きい特徴は、委託そのものが有期契約であることと委託団体側が人事権をもてることです。少なくとも契約期間の間は団体側が雇用形態を選べるので、自治体からの出向や、あるいは直接雇用という形にしないですみます。

ただし、大阪府の関係者が検討した報告書を見ると、一部の専門業務や相談業務、情報業務については委託可能だが、現段階では、運営をまかせるには市民団体が受け皿として十分に成熟していないというものでした。それに対して、NPO側からは、いつまで待てばいいのかと、反発も起きています。

樋口　子どもを育てるのと同じで、事業体もどこかで大人扱いをしないと大人にはならないですものね。やはり「期限つき」で決めることではないでしょうか。

それよりも、具体的にどこのNPOに委託するか、その決定過程を情報公開し、理由を知らせるほうが大切ではないかと思いますが、その点はどうですか。簡単なのですか。

上野　その点については、各地にNPO支援センターができており、先進事例をつくりあげてきています。経営主体となるNPOを一般公募し、第三者機関が評価して決定する形なのですが、ただし、よくよく聞いてみると、査定評価のシステムはまだできていないようです。

NPO化で懸念されることは、NPOも事業体ですから、私はこれについても「前門の虎、後門の狼」と言っているのですが、「前門の虎」は既得権益を手放さないいわゆる「御用商人化」すること、「後門の狼」は安上がりのボランティア化です。つまり、どちらも結果としては行革の効果を上げることになる。これをポジティブに受け止めるかどうかという問題です。

樋口　そういうネガティブな部分は常にありますよ。介護保険にしても、理念や必要性は別として、政府がなぜ介護保険を推進したかといえば、新しくお金を調達する仕組みがほしかったという財源問題があったに決まっています。しかも年金から徴収するという実に頭のいい方法で、介護保険料を集めて、このままでは破綻目前の老人医療財政を支えようとしたのです。

しかし、一方で現実に人口構成が変わってきている。その変化に対応した政策を新たに策定し、介護の社会化を図るには、介護保険として進めるしかなかった。そこには、自立支援、住民参画、選択、チームケアなどたくさんの新しいDNAが含まれています。ですから、私は果たしてうまくいくか不安を含みつつも、介護保険推進の側に身を置きました。できあがってみれば、早くも第二医療保険化し、保険料が上がり、介護サービスの質についても疑問の声が上がっている。しかし、はっきり言って介護保険がスタートしたからこそ、外部サービス利用への意識のバリアフリーは十分に進んだ。介護保険を通して地域・家族の実態が見えてきたサーチライト効果ははかり知れない。そういういいところがある反面、これからも業界団体の利益利権をめぐる争奪戦は限りなく続くでしょう。いろいろ問題はあるけれど、私は、今でも審議会に身を置いています。そういう矛盾の中にいますが、ではそうした変革の核心に入らないで、「ノー」とか「おかしい！」とだけ言い続けて、どういう変革への展望があるかと、逆におたずねしたいです。変わるべき時代に、自分たちは変わらないまま「ノー」と言い続けて、結果として何もしないまま終わるのも一つの選択肢かもしれませんけれど。

上野　ええ、だからこそ私は女性センターのNPO委託、つまり真の「民」営化に期待しているのです。

女性センターは市民の支えあってこそ

上野　ここまでの話は女性センターを供給側から見たものですが、次に利用者側、市民のニーズという観点から話を進めてみたいと思います。

樋口　住民は女性センターあるいは男女共同参画センターに何を求めているのでしょうか。何も求めていない、需要はないということなら、なくなっても仕方がない。介護保険をつくるときも、反対派からはニーズはないとさんざん言われましたよ。だから、私たちはそのニーズを顕在化する調査など活動を進めたわけです。今、住民の側には、漠として見えないけれども、女性なるがゆえの、男性なるがゆえの生きにくさがある。そうした問題、いろいろなニーズがあるのだろうと思うけれど、どういうふうに顕在化していくか、そこが問題ですね。

上野　今おっしゃったように、もしニーズが変われば、あるいはニーズがなくなれば、女性センターは歴史的使命を終える、という考え方もできないことはありません。現状では、複合施設化が起きていたり、男女共同参画という流れの中で男も巻きこまざるをえなかったり、あるいは市町村と府県レベルの女性センターが競合し、隣接地域で供給の飽和状態に達しているなど、さまざまな問題が起きてきています。

女性センターの次のステップを考えたときに、かつては、生涯学習の受動的な消費者であった人々が、地域活動を事業体として担えるような実力をつけてきたときに、女性センターが通過点にしかなっていない、つまり育った人を引き止められない場になっているのではないかという感じがします。

樋口　「ドーナツ現象」といっていますね。中心にいた人が、育つとどんどん外へ出ていってしまう、と。でも次々と通過のステップを踏む人たちが続けば問題ないでしょう。

ところで、東京都ウィメンズプラザの女性財団廃止についてですが、私も評議員のひとりとしてかかわり、もちろん反対の意思を表明してきました。ただ私はこのウィメンズプラザという女性センター創設に特に熱心に取り組んだといばって言える立場ではないのです。一生懸命だった方々はたくさんいらっしゃいますが、私は、何かポンと資金を与えられても、都民や女性グループとどれだけ深くかかわっているかを思うと、いくらか及び腰でした。もちろん石原都政のやり方には批判的です。私は「女性問題協議会」会長をクビになった身ですし。しかし女性センターをどうせつくるのだったら、私は一〇円なり一〇〇円なりの募金運動をして、都民に支えられるつくり方をしてほしかった。一六〇〇万人もいるのですから、その半分は女なのですから。

上野　そうなんです。ですから、私は最近いろんな女性センターに行って講演するとき、東京都の例を挙げて、こういう危機が来たときに、あなた方のセンターは利用者の方たちが守ってくださいますか、と問いかけるんです。守ってくれるのは、利用者だけですよ、と言って。

樋口　先日、最後の評議員会があったので東京ウィメンズプラザに行ってきましたが、これまでと変わらず賑わっていましたよ。共有スペースは誰もが使えますから、あらゆる言語の会話が聞けます。つまり、三人、五人で使える便利な場所なので、外国語会話教室の場所としても使われているんですね。利用者にとっては、そこが女性財団でなくなることはどうでもいいのですよ。財団解散にこんなに長い間抵抗している意味は、都民女性は理解しにくいでしょうね。ただし、あの場所を閉鎖するといったら怒ると思います。

やはりつくるときに、官主導であればあるほど、官主導でつぶしやすい。手間ひまかかっても、呼びかけて募金を募り、しかもきちんと条例設置にしておいたら、こう簡単につぶされるはずはなかったと思います。要綱設置でしかなかったですし、上からの一声でつくっていただいた感じを私はもっていましたから。

上野　女性センターがいわば棚ぼたでつくられた、官主導フェミニズムの賜物であるなら、行革がきびしくなれば、命運もそれまで、ということになりますね。

樋口　そうなります。ですから、設立の経緯は別としてもそのセンターの活動がどれだけ地域の人々に根付いたものになっていっているかが大事だと思うのです。私は英会話や中国語会話でも、その場を市民が安い値段で、あるいはただで利用できるのはよいことだと思っています。

また、直営か財団かということにもこだわらないですね。多くの女性センターで確かに管理職などは行政ポストになっています。民間から館長を採用するなんてことはいくつかの、それこそシンボル的なセンターがやっているだけの話です。特に女性公務員にはポストがなかったですから、女性センターがその受け皿になっていて、直営であろうと財団であろうと、官主導であることにあまり変わりないですよ。

東京都は直営化によって都からの役員の報酬がなくなりました。だから、行革の面はあります。しかし、ほかの財団も含めて財団を全部を洗い直して、ほとんど廃止すると言っていたにもかかわらず、結局は女性財団だけをつぶしたに等しい。これははっきりと女性活動に対する都政の思想的チェックだと理解して当然でしょう。

稼げる活動への転換

上野　大阪でのろしがあがったNPO委託のアイディアは、燎原の火のごとく各地に飛び火しました。NPOがまだ受け皿として成熟していないといわれていますが、先ほどおっしゃったとおり、大人扱いすることによってしか成熟しないわけですから、行政は市民団体をパートナーとしてちゃんと育ててほしいと思っています。それから実際に市民団体を担っている人たちに対しては、腰の引けた対応をせずに、チャンスだからやれとけしかけているのですけれども。

樋口　それはもう時代の流れだと思いますよ。東京都も、直営が悪いというのでなく、都民の自由な発想がどれだけ保たれるかが問題なんです。

またNPOや市民活動・福祉活動はいいことをしてるんですが、意外にジェンダーの視点が抜け落ちていたりする。経営能力がずさんだったり、という例もあります。簡単にNPO性善説にも立てませんが、重要な選択肢でしょう。

上野　利用者ニーズがもはやかつてのニーズと同

じではないことを考えれば、生涯学習のお客さまとしてやってくる消費型の活動の拠点にはならないということが、重要だと思うんです。ジェンダーのメインストリーム化と言われながら、女性センターから出ていった人たちを待ち受けている地域はあいかわらずの男社会ですし、市民活動の場であるNPOやボランティア活動も、おっしゃるとおり、ジェンダー視点がほとんどありません。

樋口 そうなのです。だから、女性センターに入ってきては、そこで元気を出して、また出ていくとか、充電して……。

上野 それではやはり、女性センターは通過型拠点でリチャージ（再充電）型になってしまいます。意識啓発活動拠点ということになりますね。

樋口 私は、意識啓発も必要ですし、女性センターの経営も民委託でもかまわないと思っています。住民のニーズといっても、地域によって大きく違うでしょうし。ある女性センターは女性議員を当選させるためのセンターになっています。それには、住民の大部分が無党派であることや、女性議員の数が少ないなどの地域性が背景にあるのでしょうけれど。

上野 そのせいで地域の女性センターはおやじ議員のバッシングの標的になっているのですよ（笑）。女性議員を送り出す母体となれば、自分のライバルになる可能性のある脅威ですからね。議席の定数は決まっていますし、市町村合併でますますポストが減りますから、新人が当選すれば、誰かにご退場願わなければなりません。でも逆に、自治体の首長にとっては、今や女性と高齢者の支持なしには選挙に勝てませんから、女性センターに集まる女性たちは、魅力的な集票資源だとも言えます。それがわかっている首長さんは、女性センターを大事にします。それだって女性センターに対するニーズだ、ということもあるでしょう。

樋口 男女に限らず地域センターは、もともと公民館をはじめ学習活動が中心で、都市では勤めをもつ人（定時制市民）より「全日制市民」と呼ばれた主婦層が中心でした。その後、パートを含め「勤める主婦」が増え、地域では仕事と家庭両立支援のニーズが高まっています。一方で、ボランティア活動の中でも、それぞれ専門分化した技術技能資格を要する人々が働くようになった。どちらをとっても、時代は高度経済成長下の「職住分離」時代から「職住混在」時代に入っています。

仮りに勤め先は遠くても、「定時制市民」生活を支えるためのさまざまな仕事が地域の中に必要になってきます。特に子どもと高齢者は遠くへ行かれませんから、地域の中に支える施設と、専門家はじめ労働力、市民の協力が必要になってくる。私はこれからの地域をローカル・コミュニティ、どうせ和製英語なら漢字で書いて老可留《ローカル》・子見新地《コミニチ》と呼んでいます。血縁があってもなくてもその地を生活の場として選んだ人々が支え合う、それこそ新しい自治、二一世紀型の自治の場です。その地域を支え、地域から発信していくために、地域から仕事が生まれる、働く人が増えざるを得ない、というのが私の意見です。もちろん女性中心に賃金の安い、不安定雇用が増えているという大問題が残されていますが。

とにかく地域全体で働き、稼ぎ合って、そのお金を回していくことが経済と生活の双方の活性化につながると私は思います。

今、女性に対する暴力が大きな行政課題になっていますが、これまでかくれていたものが顕在化し対策がたてられるのはいいことです。でも私は、経済、特に労働による経済的自立を重んじる立場ですので、暴力の何分の一かは女性の経済力によって確実に減ると確信しているのですけれど。女性センターは、女性の経済的自立を支援する道をもっと明確にしてもいいんじゃないでしょうか。

　さらに言えば、女性の健康の問題でしょうか。たとえば、更年期の講座などは、保健所よりむしろ女性センターで実施していることが私たちの調査でも明らかになりました。そこから当事者グループをつくったりしてもいいのではないでしょうか。乳がん患者の会もたくさんありますし。だから、多様な問題を抱えた女性が他者と顔を合わせる場として、女性たちに、その都度、応援歌をおくり充電して行く場であって、いいのではないでしょうか。

上野　その充電の内容が、情報と意識啓発に偏るのはいかがなものでしょうか。

樋口　だから、おカネを稼いでください。

上野　当事者グループがあれば、更年期医療に関する事業展開だってやろうと思えばできる。保育室を二四時間フル回転して一時保育の場を提供してもいい。ニーズはあるのですから、あとは知恵と工夫です。

樋口　根本には意識啓発と認識の共有が必要だと思います。

　政府が今、やたらと女性の起業に熱心なので、私は「でもしか起業」では困ると言っています。でも、それをまともに受け止めて、やれるものをほんとに探してみたらいいのではないかと思っているのです。

　介護保険を見ても、問題のあるNPOもありますが、そういうことも全部見えて、自分たちもその気になれば情報を集めて、参画できる場がかつてないほど開けている。この、私のいう「創造の一〇年」に世の中が得たものをセンターが共有しているかどうかが問われるでしょうね。センターからこれらが生まれた例も多々あるから、そうした例をひろげてステップアップしてほしい。男女共同参画と少し発想が違うように見えるかもしれませんが、この人口構成でいくかぎり、みんながチョコマカ稼いで、チョコマカ税金払わなければば、日本の国はやっていけないと、私は思っているのです。学習は必須ですが、学習だけやっていられた時代は、もう終りですよ。生活の中で稼いで、お国のために税金を払い、保険料を払い、新しい公共を市民の側から創造し担いうる社会になってほしいと思います。この場合「お国」というのは、民主主義社会の国家ですから、あくまでも主人公は私たちです。

上野　本当にそのとおりです。女性センターが消費型の学習拠点である時代は終わりました。これからは参画型・事業型・発信型の活動拠点になってほしいものです。では、結論はこういうことでどうでしょうか。これからの女性センターは稼げる市民の参画の拠点になる。そうなるための条件は整った、と。シリーズ最終回の対談が、前向きに終わってよかったです。ありがとうございました。

（二〇〇二年一一月二〇日）

＊　一九六六年設立。「すべての女性に平等の権利」をもたらす活動を目的に、社会変革をめざす組織。全米に六〇〇の支部と二五万人の会員をもつ。

樋口恵子（ひぐち・けいこ）
一九三二年、東京都生まれ。女性と仕事の未来館館長。高齢社会をよくする女性の会代表。二〇〇三年三月まで東京家政大学教授・人間文化研究所長をつとめる。長年、女性に関する問題に取り組み、二〇〇〇年エイボン女性年度賞（大賞）受賞。
主要著書に、『ローバは一日にして成らず』（文化出版局）、『盛年――老いてますます…』（学陽書房）、『みんなで創る一人ひとりが支える高齢社会』（編集、ミネルヴァ書房）など。

上野千鶴子（うえの・ちづこ）
一九四八年、富山県生まれ。東京大学大学院人文社会系研究科教授。
主要著書に、『近代家族の成立と終焉』（岩波書店・サントリー学芸賞受賞）、『ナショナリズムとジェンダー』（青土社）、『差異の政治学』（岩波書店）、『家族を容れるハコ　家族を超えるハコ』（平凡社）など。

COLUMN

米国のDV防止関連の女性たちの活動

米国では、警察に通報される犯罪の三〇～四〇パーセントがDVであると言われるほど、その問題は深刻で、規模も大きい。そのため、刑法、民法、家族法上の法整備や被害者支援システムの面で、日本の二〇～三〇年先をいっているというのが一般的な言い方だ。

全米のDV防止活動の大きな分岐点になったのは、一九九四年の対女性暴力法（Violence Against Women Act）成立と、連邦予算がついたことだったといわれるが、日本初のDV防止法成立を祝福しつつも、私の知る米国の女性活動家たちが口を揃えて言ったのは、「法の成立は大きな第一歩だが、法律だけでは、実際の問題解決には結びつかない。困難はむしろ法の成立後にある」という一点だった。そんな彼女たちが強調していたのは、「DVは、れっきとした犯罪だ」という基本的な認識を広く世間に行き渡らせることの重要さである。

暴力が女性や子どもの人生にどんな無惨な結果を引き起こすかについて、法律家や警察だけでなく、あらゆる職業の人の意識を高めていくことが必要だ。例えば、殴られた顔や折れた歯でやってきた女性を見たら、本人が「殴られた」と言わなくても、眼科医や歯科医は「あれ？」と思う想像力をもっているべきだし、それが問題の早期解決につながるかもしれない。女性の頭に傷を見つけた美容師が彼女を救う鍵になるかもしれないし、日々子どもと接する学校教師なども然りだ。また、米国の場合は、報道関係者による理解の向上と、メディアを利用した教育やPRの効果は多大だった。そして、被害者が隠れる必要のないような環境作りに加え、プレゼンテーション社会の米国らしく、対メディア用に被害者のスピーチ能力訓練なども行っているという。

また、暴力によらない問題解決能力、感情コントロール能力を小さいうちから身に付けさせるための、子どもを対象にしたトレーニ

COLUMN

渡邊裕子

（ジャパン・ソサエティー　講演部事業担当）

ングというのも興味深い。これは、日本でも取り入れて良いのではないだろうか。

さらに、企業による協力例として「携帯電話のリサイクル」がある。捨てられた携帯電話を電話会社の協力で集める。そして、警察に緊急通報できる機能だけを残したそれらの電話を被害者に無償で与える。これによって、自宅の電話から警察に電話できない者にも、通報の手段を確保できる。ポラロイド社の協力を得、現場での証拠写真撮影用にカメラの寄付をしてもらう、というのもある。それから、DV被害者支援センターやシェルターの存在を知らせる広報活動の手段として、女性用トイレのドアなど、女性の目にしか触れないプライベートなスペースを利用したり、爪磨きにホットラインの電話番号をプリントして配るなどという方法もある。どれも賢いアイデアで、日本でも応用できそうなものばかりだ。

というように、高度に組織化された米国のDV防止活動の内容を聞いていると、日本との歴史の差をつくづく感じさせられ、圧倒されるのだが、彼女たちの仕事を取り巻く環境も、実際はかなり厳しい。

二五年にわたり犯罪犠牲者支援に取り組んできたワシントン州議会上院議員ジェリー・コスタは、妹が性暴力の被害者であることから、この分野に尽力してきた。彼女は、「誰かにやってもらおうとするより、自分でハンドルを握ったほうが早いから、政治家になってしまった」と言う。そして、彼女たちのような人々が何かをするたびに、怯えて暮らす女性が減るのだ。彼女たちは、勇気を奮って人生を変える決断を下しただけでなく、かつての自分たちと似たような状況で傷つき苦しむ人々の人生をも変える働きをしている。その姿を見、言葉を聞きながら、励まされ、揺さぶられ、そして思ってもいた。自分一人の力で世界を変えることはできないとしても、自分さえ変われば世界は変わるのだなと。

現場レポートPARTⅡ

広がるネットワーク

1. 相談関係機関ネットワークづくりへの取り組み

神奈川県立かながわ女性センター　相談部　簑島尚子

1　女性への暴力相談等関係機関連絡会設置の経緯

神奈川県の女性への暴力相談等関係機関連絡会（以下、連絡会）は一九九七年八月に、女性への暴力の被害者に関わる県内一四の公的相談機関等の参加を得て発足した。二〇〇三年一月現在では広く一九機関がDV被害者支援を主とした連携活動を行っている。

女性への暴力に対する取り組みは一九九五年の第四回世界女性会議（北京会議）でクローズアップされた。国内でも一九九六年に策定された国内行動計画「男女共同参画2000年プラン」において「女性に対するあらゆる暴力の根絶」が掲げられ、具体的施策として、根絶に向けての関係機関の連携強化と総合対策の検討が盛り込まれた。この「男女共同参画2000年プラン」で女性に対する暴力とは「性犯罪、売買春、家庭内暴力、セクシュアル・ハラスメントを含む極めて広範な概念」としている。このような広範な概念による暴力被害を包括的に受け止める相談機関は存在していなかった。しいて言えば女性問題全般を対象とした「いわゆる女性センター」の相談部門であった。

神奈川県内では、いくつかの女性センターや民間の女性団体が女性問題の相談窓口をもち、暴力相談も受けていた。かながわ女性センターは県立県営の女性センターとして一九八二年開設。一九九七年の組織改変で相談部を新設、従来、センター内の各部にあった相談機能を整理し「女性総合相談」として相談体制を強化した。また、(財)横浜市女性協会では「心とからだと生き方の総合相談」を行っているが、相談内容の中でも特に支援の重要性があると認識し、一九九八年横浜女性フォーラム相談室（現在は、男女共同参画相談センター総合相談室）で「女性に対する暴力相談」を立ち上げた。

一方、神奈川県警においては、一九九六年に全国に先駆けて県警捜査第一課に性犯罪捜査係が新設され、女性警官が被害者からの直接相談を受ける窓口として「性犯罪被害一一〇番」が設置された。

相談現場にはセクシュアル・ハラスメントやDVの相談が増加し始めていた。しかし、それぞれの相談機関が個別相談を受けていくなかで、その機関のみでは問題解決まで至らず、他機関を紹介することが増えていった。例えば、かながわ女性センターにセクシュアル・ハラスメント被害相談があった場合、被害内容が性犯罪であると県警「性犯罪被害一一〇番」を紹介し、さらに県警では被害者の心のケアが必要と判断し精神保健センターにつなげるという流れが出てきた。

このように相談機関の間で相談者の紹介、調整を重ねる中で連携の必要性の認識が高まってきた。相談を受けた機関が相談者を必要とされる機関等に確実につなぐためには、相談担当者がお互い顔の見える関係である事が大切である。担当者が集まるための連絡会を作ろうとの声があがり、かながわ女性センターが呼びかけを行った。

連絡会の性格や目的を考えていったなかで、セクシュアル・ハラスメントやDVに限定せず、社会全体で認識すべき女性への暴力問題に取り組む連絡会と位置付けた。女性に対する暴力の視点の必要性はどの機関も感じていたのか呼びかけにはほとんどの機関が応じてくれた。このような連絡会があればと思いつつも日常の相談業務に追われて手がつかないところが多かったのではないだろうか。発足にこぎつけたのは当時の担当者たちの熱意と行動力によるところが大きいと思われる。

2　参加機関について

発足にあたり機関の選定は、かながわ女性センターが行った。被害相談を直接受けている機関に限定せず、より多くの相談機関に女性への暴力の認識をもち相談にあたってほしいと考えた。さらに啓発のためには直接相談を受けている機関だけではなく、各地域にある関連公的機関や国・県の統括セクションにも参加を要請し、福祉、保健、教育、人権と女性に関わる各分野に呼びかけた。神奈川県内のすべてをエリアとし、地域を絞らずに各分野から、なるべく一か所に代表として参加してもらうこととした。県警は相談内容によりいくつもの課で相談を受けており、捜査第一課だけではなく相談の総合調整業務を行っている警務課、少年相談を行っている少年課にも参加を要請した。

一九九七年に一四機関でスタートしたが当初から被害者のケアには精神科医の助言が欠かせないとの考えをもち、翌年には県立病院精神科医の参加を得ることができた。その後、県内のいくつかの市で開設された女性センターは、いずれも相談機能をもち、連絡会への参加を希望して、加わった。また、被害者の保護に重要な役割を期待されている機関として、各警察署の生活安全課があり、それをまとめている県警生活安全総務課にも参加を要請し二〇〇〇年に加わってもらった。その結果、二〇〇三年一月現在の構成は下図の通り一九機関となっている。

機　関　名	加入年	部会参加	担当分野
横浜地方法務局 人権擁護課	1997		人権
横浜市福祉局児童家庭課　女性福祉相談員	〃	参加	婦人保護 DV
(財)横浜市女性協会　男女共同参画相談センター	〃	参加	男女共同参画 DV 性差別
神奈川県警察本部警務課	〃		警察相談統括
神奈川県警察本部少年課	〃	参加	少年相談
神奈川県警察本部捜査第１課　性犯罪捜査係	〃	参加	性犯罪
神奈川県広報県民課県政情報センター班	〃		県民相談
神奈川県人権男女共同参画課	〃		男女共同参画 DV
神奈川県婦人相談所	〃	参加	婦人保護 DV
神奈川県横浜労働センター　労働調整課	〃		セクハラ相談
神奈川県藤沢保健福祉事務所　保健予防課	〃		精神保健
神奈川県精神保健福祉センター　相談課	〃	参加	精神保健
神奈川県総合教育センター　教育相談課	〃		教育
神奈川県立かながわ女性センター　相談部	〃	参加	男女共同参画
神奈川県立足柄上病院　精神科	1998	参加	精神保健
川崎市男女共同参画センター	1998	参加	男女共同参画
相模原市立男女共同参画推進センター	2000	参加	男女共同参画
神奈川県警察本部生活安全総務課ストーカー対策室	2000	参加	ストーカー DV
横須賀市男女共同参画課	2001	参加	男女共同参画

3 活動状況

参加機関はそれぞれ分野が異なり、所管も異なるいわゆる縦割り行政のなかで、日常の業務ではほとんどかかわりのない機関も多く、まずはそれぞれの機関の業務内容把握、情報交換からはじめた。

また、外部講師による講演会等の研修を年に一、二回実施し、女性に対する暴力への理解を深め、知識の向上をめざした。DV被害者を支援している弁護士、DV加害男性グループをてがけている方、DV被害者サポートグループファシリテーター等結果的にはDV関連の講師がほとんどとなった。講演会は会員限定とせず、広く県内の福祉事務所相談担当や市町村のDVの担当にも参加を呼びかけている。

事例検討は二年目からはじめた。初期にはセクシュアル・ハラスメント事例も出されたが、現在はDV事例がほとんどである。

連絡会発足から五年が経過し、一九機関となった二〇〇一年ころには直接、暴力被害者支援を業務としている機関とその他相談機関、そして相談には携わっていない機関との間で参加目的や意識にずれがみえてきた。参加状況もばらつきが出てきて、事例検討での発言にも偏りがみられようになった。そこで、直接相談を受けている一二機関で新たに部会を形成し、事例検討はそちらで行うこととした。

連絡会はスタート時から年四回開催している。二〇〇一年の部会設置後は、全体会を二回に減らし、部会として二回確保することとした。部会では、ひとつひとつの事例にできるだけ時間をかけて、様々な意見をだしてもらうよう心掛けている。他機関との連携を行った事例、社会資源を活用した事例などから実践的な支援の方法を学び、それぞれの相談場面に生かされていくことを期待している。

会場は施設見学を兼ね参加機関の施設を順次使わせてもらっている。通常業務では訪問しない機関も多く、実際の相談室などを目にすることにより状況を把握でき、他機関の工夫を自分の機関に応用するヒントにもなっている。

女性への暴力全般を対象としてスタートしたが、その後は社会情勢もあり、これまで述べてきたように、ＤＶ問題の連絡会としての活動内容となってきた。この間、二〇〇一年四月ＤＶ防止法が成立した。

神奈川県では人権男女共同参画課がＤＶの担当となり、婦人相談所とかながわ女性センターが配偶者暴力相談支援センター機能をもつこととなった。県警ではストーカー対策室がＤＶ担当となった。県レベルの機関はすべて連絡会のメンバーに含まれており、リアルタイムで情報を提供できる状況となり、ＤＶの連絡会として周囲から期待される存在となってきた。

具体的な展開としては例えば、保護命令発令後、警察による被害者警護が迅速にいくように連絡をとりあう、ＤＶ被害者とともに家を出、転校が必要となった県立高校生の対応について調整する等、ともにＤＶ問題を語り、顔のみえる関係であったことで、個別の問題解決のための連携がスムーズに行くようになったと考えられる。

連携の事例はいくつか出てきているが、残念ながらそれらの事例から課題を整理し、支援システム整備のための意見具申を行うところまでは至っていない。

4　今後の課題と展望

参加者は公的機関の担当者のため異動がつきものであり、発足時からのメンバーはすでにひとりもいない。その時々の参加者の意識向上とはなるが、参加する担当者が変わると連絡会の趣旨説明からやりなおしとなることもあり、連絡会を重ねるごとに機関としての認識や連携が深まっているとは必ずしも言いがたい状況がある。また、各機関ごとの参加意識のずれを埋めるまでには至っていない。

シェルターなどの民間団体との連携も大きな課題である。県内にはDV等の女性問題に早い時期から取り組んできた団体がいくつもあり、支援実績をあげている。独自にノウハウも持っており学ぶ面も多い。外部講師として招いたことはあるが、今後さらに意見を聴く機会を設定するなど連携方法を検討する必要がある。

現在は実質、DV相談連絡会となっているが、DVに限定するなら市町村のDVの担当課の参加など、メンバー構成の見直しが必要になる。神奈川県では、二〇〇二年にDV問題の政策形成のための検討を目的として、人権男女共同参画課が事務局となり「神奈川県DV対策関係行政機関等連絡会」を設置した。この行政機関等連絡会との役割分担および連携も今後の課題となろう。さらに言えば、具体的な支援を県内一つの連絡会で実施するには限界があり、より小さな地域単位で機動力のあるネットワークが存在することが望ましいと考える。

最後に、現状では、DV相談連絡会として期待され、活動している面が大きいが、一方でその問題に特化してしまって、果たしてよいのかとの思いもある。性犯罪、セクシュアル・ハラスメント、その他の様々な女性への暴力が根絶されたわけではない。しかし、県内には当連絡会の他にはこのような広い趣旨の連絡会はない。連絡会の意義、果たすべき役割についてもう一度問いかけ直す時期にきているのではないかと思われる。

2. 条例を使いこなしネットワークを築く民間シェルター

女性と子どもの民間支援　みもざの会　安田寿子

1　みもざの会の発足

春は黄色から……山陰の遅い春を待ちかねたように春一番に咲く「みもざの花」。小さな花が寄り添って大輪の美しさを奏でることから、傷ついた女性たちも寄り添えば大輪の華になる。「共にあるこうよ」が合言葉である。

一九九五年の第四回世界女性会議（北京会議）への参加、そこで出会った世界の女性たちとの井戸端会議。

Women's rights are human rights

「女性の権利は人権である」

この言葉に触発され、五人でのシェルター開設であった。

資金がない、それでは私の家の空き部屋を、離れを、と提供しあってまずはスタッフの自宅がシェルターとしての出発点であった。地方だからできる離れ、空き部屋の利用は近所の目も気になる。「誰？」「遠い親戚の人なの、しばらく田舎暮らしがしたいのだって……」というわけで近所の人とも親戚という形で地域に馴染む被害者。スタッフの家族の一員として支援開始、これは自立に向けて大変精神的に有効だったようである。

しかし、個人の善意だけの支援活動には限界がある。会として正式に立ち上げようと二〇〇〇年七月みもざの会は発足した。「義憤にかられて」「不条理が許せない」「なぜか腹が立つ」そんな思いだけでの設立、手探りの素人支援であった。被害者の一人ひとりに勉強させてもらいながらの支援活動で、スタッフは被害者によって育てられたといっても過言ではない。

2　地方シェルターの特長

大都市にシェルターが集中している現在、みもざの会は全国のシェルターでもユニークな存在である。鳥取県内に一戸建ての家を三か所確保、庭付き、車庫付き、倉庫付きで個室を計九室確保している。ダイニングキッチン、トイレ、お風呂、玄関は共用。入所された方にアットホームな雰囲気のなかでゆっくり休んでほしいとの思いで普通の民家で、なるべく管理はしないというのが基本的な考えである。それは自宅をシェルターにした経験からである。

希望される方はすべて入所させてきた。例えば全国を逃げ回り、各県の婦人相談所、民間シェルターへ保護の相談をしたが、どこも受け付けてくれなかったという五〇代の女性、彼女には三二歳の障害をもつ男性同伴者があった。「藁をもつかむ気持ちでみもざの会の電話を回しました」との電話を受け、スタッフに相談する。一同「うちで受けましょうよ」の一言で、シェルター入所ＯＫと返事をする。「地獄で仏に会いました」と両手を合わせる母親。この親子も現在はこの地で元気に自立している。暴力、暴言の家庭から解放された息子さんの精神的な発作も治まり安定した生活を営んでいる。成人男性が同伴の場合は部屋数の少ないシェルター一戸を全てその家族に与えることにしている。だから成人男性同伴者、また高校生、中学生の男子を同伴の場合もシェルター受け入れは可能である。

ペット同伴入所も認めている。これは公的シェルターではできないことである。「二三歳、一三歳の娘がいます。夫から娘への性的暴力で不登校、ひきこもり状態になっています。私にも異常性欲の夫婦間レイプ。地獄の生活から抜け出したい。しかし、セラピー役の犬が同伴です。シェルターに入所できますか？」もちろんすぐ入所、そして保護命令の申立て。相手は国家公務員だけど職業なんて関係ない。地裁は妻へのレイプも暴力とみなし保護命令を発令した。ペット同伴は禁止しない、まして心身ともに傷ついているＤＶ被害者にとってペットは大切なセラピー役であることをスタッフは承知している。シェルターはあくまで癒しの場であるべきと考えている。愛犬との同居、スタッフの活動を見ていた、ひきこもり状態の娘さんが七年振りに、第三者の人間（シェルタースタッフ）と言葉を交わし始めたことにお母さんは驚きとうれしさを隠せないでいる。

このようにみもざの会はどんな方でもすべてを受け入れるという方針で被害者の支援にあたっている。立ち上げて二年半、既に一六〇人の人と猫二四、犬三匹の入所である。

シェルターのノウハウも知らず、人権の視点だけでの支援活動も失敗の連続であったが、サバイバーとして自立した女性たちが支援活動に加わってくれることが逆にスタッフにとっては癒しになっている。

3　行政を変えた「鳥取県男女共同参画推進条例」の活用

二〇〇〇年一二月全国で初めて議員立法という形で「鳥取県男女共同参画推進条例」が制定された。条例制定までには少数会派の条例案、最大会派の条例案、そして執行部案の三案を混え、協議を重ね成立した条例である。条例案を作るまでに双方の会派は女性団体との意見交換、他県の取り組み視察等相当勉強されたことは県民として評価できるものであった。

また、議会が条例の検討に入る前、シェルタースタッフは県議会の議事録を見て県議の中でどの議員が一番人権感覚に優れた質問をしているかを調べ、その議員にロビー活動をしたことも功を奏したと思う。

待望の条例の施行。条例には、男女共同参画を妨げる施策に対する苦情を取り扱うオンブズパーソンというべき鳥取県男女共同参画推進員制度が盛りこまれた。施行と同時に推進制度に「みもざの会」として申立てをした。

〈鳥取県男女共同参画推進員制度〉

鳥取県男女共同参画推進条例一部抜粋

第一九条　県民又は事業者は、県の男女共同参画推進施策又は男女共同参画の推進に影響を及ぼすと認められる施策についての苦情があるときは、鳥取県男女共同参画推進員に申し出ることができる。

〈鳥取県男女共同参画推進員制度への申立て〉

①行政の民間シェルター活動に対しての理解度が薄く、DVに対する対応の悪さが目立ち、職員の研修が必要である。また、行政の窓口対応による二次被害があまりにも深刻である。

②民間シェルター運営の実態把握と行政の公的支

援が不足している。

〈鳥取県男女共同参画推進員からの申立てについての回答〉

申立てについて男女共同参画推進員は鳥取県に対して次のような助言をした。

①県では今年度、県・市町村職員、関係機関・団体の相談担当者に対する研修会が予定されているが、研修会の実施にあたっては、全職員を対象として研修が望ましいが、少なくとも今年度は福祉を主としたDVに関る職員や受け付け窓口職員を対象とした研修とすること。内容的にはDVの根本理解を深めるものと実務に対する理解を深めるものとの二本立ての研修内容とする。

②民間シェルターの実状をよく把握した上で、補助金の充実等について検討すること。

〈申立て後の効果〉

- シェルター代表者が鳥取県人権問題講師団の一員として「女性への暴力、DV」という新たな分野を設け、講師に発令された。
- 県の福祉相談センターの職員研修会、女性に対する暴力圏域連絡会、各市町村職員研修等の講師依頼が多くなった。
- 知事がシェルター活動の現場の状況を聞きたいと関係者会議を開催、直接知事に訴える機会を与えられた。
- 申立て以後、県の行政職員の言動に傷つけられる二次被害者の数が極端に減った。
- 申立てた時点でとりあえず生活保護基準家賃の年間借間費一戸分補助金支給。
- 行政職員（男性も含む）、職場からの支援物資が大変多くなった。

〈二〇〇二年四月DV防止法全面施行による民間シェルターに対する鳥取県の支援〉

①鳥取県は民間シェルターに対しても被害者の一時保護委託を全国に先駆けて開始（三か月の一時保護例あり）。

②新たな鳥取県独自の支援制度

- 被害者自立費として敷金二か月、家賃三か月分を支給（月額三四、二〇〇円を上限）。対象者世帯数の上限数なし。
- 民間シェルターへの夜間警備体制強化費（防犯カメラ設置、警備委託費等）。
- 被害者の入所前治療費支給（上限一人四六、〇〇〇円）。入所後の医療費は生活保護医療費で対応する。
- シェルター入退所時の交通費実費支給（県内のみ）。
- 民間シェルター借間の家賃補助（一か所月額三四、二〇〇円が限度）。
- 被害者同行旅費（スタッフの行政、裁判所への同行費）。

上記補助金、一時委託費については、被害者数が増えたこと、シェルター滞在日数が長引くことにより、県の当初予算額を大幅に上回り六月議会での補正、さらに一二月議会にも補正予算が上程される予定である。

特に、自立へ向けての支援策は他県に見られない鳥取県ならではの施策であるとスタッフは高い評価をしている。知事が人権先進県を目指す鳥取県を提唱していることから、DV問題を「女性の人権」として申立てを受けとめてくれたことは、民間シェルターとして評価できるものである。

4　県、男女共同参画センター、その他の機関との連携

鳥取県では、三年前から「女性に対する暴力防止関係機関連絡会」が設置され、少なくとも年に

三回は開催されている。また、東、中、西部と圏域ごとにも連絡会がもたれ、県の関係機関、警察等とは良い連携が保たれている。

特に男女共同参画センターの職員、県職員が、みもざの会員でいることは大変強い味方でもある。男女共同参画センター職員のシェルター活動に対する陰の協力があるからこそ被害者の安全と安心が守られている。複数の利用者に紛れシェルタースタッフと被害者が落ち合う場所としてセンターが使われることも多々ある。

センターにはDVに関する書籍、ビデオ等も充実し、シェルター運営者としての講座、研修会の要望も遠慮なくできる。センターの職員がシェルター活動に理解を示し、県内各地、各団体から届く支援物資の一時保管、DVに関する情報の提供、被害女性の乗用車を一時的に隠す等、様々な連携をとりながら被害者、同伴者の安全を確保している。

また、男女共同参画センターは、シェルタースタッフのストレス発散の場でもある。支援する中での問題点、悩みをセンター職員に打ち明け、聞いてもらうことにより心は落ち着くものである。我々スタッフは二四時間対応する精神的なストレスを解消する場として、センターを利用しているわがままな利用者でもある。そこにはシェルターとセンター職員との信頼関係があるからこそ成り立っているのではないだろうか。このように男女共同参画センターの役割は、DV被害者相談もあるが、シェルタースタッフの癒しの場としての機能も果たされている。センターには元気な女性ばかり出入りしているとは限らない、心の傷ついた人、疲れた人、人恋しくなった人など様々な心の悩みを抱えた人たちも訪れる。センターで働くには、全てを受け入れるおおらかさをもった職員が求められることは言うまでもない。

鳥取県男女共同参画センター「よりん彩《さい》」は文字どおり用がなくても立ち寄れる、癒しの場であると信じて利用している。

鳥取県の場合、配偶者暴力相談支援センターと男女共同参画センターは全く離れた地にあるため、シェルターとして、入居者のプライバシーなどを伏せたある程度の活動情報は直接、会員である職員に入れることによって、男女共同参画センターにも県内のDVの現状等を把握してもらうことができている。

最後にもうひとつ、これは決して警察にお世辞でいうわけではないが、シェルターの管轄内の警察対応は非常によいと感謝している。だからこそ過去シェルターを利用した一六〇人余の被害者、同伴者の安全が守られていたのである。

「今の警察は夫婦喧嘩も喰いますけんな」との言葉どおり、DVに対する認識はたいへん高く、スタッフからの信頼は厚い。その証拠に同伴者である小学生の子どもたちが警察を信じている。「安全を守ってくれるのは警察だから、いつでもおまわりさんのところへ飛び込みなさいね」とは同伴児への言葉である。

シェルターへの入所者届を提出すると「うちの子どもの洋服だけど、入所された子どもに着せてやってください」と紙袋を渡してくれる若い担当官、「女房の洋服ですけど」と照れくさそうに手渡してくれる中年の課長さん、警察から支援物資を提供される民間シェルターは珍しいのではないか。このように官と民の連携体制が整わないとDV被害者の安全は守れない。

行政の溝になる部分も民間が担いましょうと設立した「みもざの会」である。二一世紀地方分権の時代、市民の力がなければ行政は成り立たない時代になりつつある。民間の力を信じて官と民の一体となった支援体制が出来てこそ女性、子どもの安全が守られるのではないか。

ＤＶ防止法が施行され一年余、現場で運用していくなかで不備な点が指摘されている。官と民が一体となり、法改正への新たな取り組みを地方から発信しようと目下、行政とともに法の見なおしについて検討中でもある。

3. 生まれかわった婦人相談所

千葉県女性サポートセンター　所長　戸谷久子

「親しい間柄であっても、暴力（DV）は人権侵害であり、犯罪である。DVには、身体的暴力はもちろん、精神的、経済的、性的などあらゆる形の暴力が含まれる。そして、それらの暴力は重なり合って起きていることが多い。家庭内で起きる暴力は、外からは見えにくい、わかりにくい、そして深刻である。子どもへの影響も心配である。DV被害者からの声を親身に聞き、共感し、一緒に考えていく」……常にこういう思いで、私たちはDV被害者を支援していきたい。

1　婦人相談所から女性サポートセンターへ

「配偶者からの暴力の防止及び被害者の保護に関する法律」（以下、DV防止法）が、二〇〇一年四月に成立、一〇月に施行された。さらに二〇〇二年四月から本格施行となり、各都道府県において「配偶者暴力相談支援センター」が稼働し始めた。

千葉県では、他の都道府県と同様に、売春防止法を根拠として設置されている「婦人相談所」の業務を継承しつつ、ＤＶ防止法に基づく「配偶者暴力相談支援センター」機能を有する「千葉県女性サポートセンター」（以下、サポートセンター）をオープンした。

当サポートセンターでは、ＤＶ問題が男女の対等でない関係の中で発生してくる女性への人権侵害であるということから、男女共同参画の視点と、婦人相談所がこれまでもっていた福祉の視点を一体化し、女性の人権の擁護及びＤＶ被害者の自己決定の尊重を運営の基本としたＤＶ被害者支援を行っている。

そのため相談業務では、直接的なＤＶ被害の相談だけでなく、女性の抱えるさまざまな悩みや相談を受けることにしている。それは、ＤＶ被害者である相談者本人に被害者としての自覚がなく、話をしていくうちに被害が浮かび上がってくること、ＤＶ被害を含めいろいろな悩みが複合的になっていること、相談内容の整理ができず、何を解決すべきかになかなか辿り着けない相談者が多いことなどの実態があるからである。

そこで、当サポートセンターでは、法律の定める範囲にこだわることなく、被害者が求める支援に的確に応えていく態勢を整えている（別表1参照）。組織としては、相談支援課及び一時保護課の二課で構成し、所長以下二〇名の常勤職員と、看護師、電話相談員など三〇名の嘱託職員を配置している。

2　相談業務の状況について

相談業務としては、二四時間対応できる電話相談と、あらかじめ電話で相談日を予約することを原則としている来所相談を行っている。電話相談は、平日の日中は原則四名の電話相談員が対応し、土曜日、休日および夜間は二名で対応してい

別表1

	所長	次長	相談支援課						一時保護課					合計
			相談支援課長	一般事務	専門相談員	ケースワーカー	心理判定員	婦人相談員	一時保護課長	生活指導員	看護師	保育士	調理員	
常勤	1	*2	(1)	4	1	8	1		1	1		1		20
非常勤							2	14		10	1		3	30

※　内1名は相談支援課長事務取扱。

る。

来所相談については、本人から直接申出があり相談を受ける場合と、はじめは電話相談で受けたが、専門相談員が面談で相談を受けることがより適当であると判断した場合とがあり、一度だけでなく複数回にわたるものもある。また、希望があれば継続的なカウンセリングにも応じるようにしている。そのため、心理判定員三名（常勤職員一名、嘱託職員二名）を配置している。

さらに、弁護士による「法律相談」を電話予約により原則毎月第二、第四火曜日の午後に行っている。また、医師による「心とからだの健康相談」をやはり電話予約により原則第一、第三木曜日の午後に行っている。このように専門性の高い相談を受けることができる態勢もとっている。

また、DV防止法では、夫からの度重なる暴力で危害を受けるおそれが大きい時に、裁判所に保護命令（夫に対して六か月間の接近禁止、二週間の住居からの退去）の申立てをすることができるため、相談業務において、その申立ての際の手続き方法などについてもアドバイスしている。さらに、保護命令の申立てのための書類づくりなどについても相談に応じている。

ＤＶ被害者の多くは、ひどく不安であったり、おびえていたり、精神的に不安定になっているので、体調や精神状況に合わせた対応をするように心がけ、どのような時にも本人の希望を重視している。

千葉県では、県内でも東京に近い柏市にある千葉県女性センター（財団法人千葉県青少年女性協会が千葉県から受託し事業運営）についても配偶者暴力相談支援センターに指定し、男女平等の視点、女性問題の視点で相談業務を行っている。

3　一時保護の状況について

一時保護については、夫などの暴力から逃れ、避難場所を求める女性や同伴する子どもに、安全と安心を提供するため、来所相談を受ける施設とは別の場所に一時保護所（シェルター）を設けているため、夫などからは居場所が知られにくい環境となっている。

部屋数は二〇室を用意し、二〇世帯の受け入れが可能である。特に、ＤＶ被害者やその同伴児（者）を他の被害者やその同伴児（者）と相部屋にはしないよう配慮している。このことは、ＤＶ被害者のプライバシーが確保できるとともに、ひとりでゆっくり考える時間がもてる、子どもと十分話し合う機会ができるなど、ＤＶ被害者の生活再建に向けて「考える場」の提供となっている。

当サポートセンターでは、一時保護所入所者の今後の生活のことや落ち着き先など、自立した生活に向けた情報の提供や各種制度の活用ができるよう、八名のケースワーカーを配置している。ケースワーカーは、臨床心理士、保健師、児童福祉司、保育士、生活保護ケースワーカー経験者などで、保健・福祉のこれまでの知識・経験を活かし、それぞれのDV被害ケースに当たると同時に、他のケースワーカーが担当するケースワークについても、ケース会議で検討するとともに、実際に複数のケースワーカーが協力して関わるなど、ひとりで抱え込むことのないような取り組み方をするよう考慮している。

さらに、DV被害者の求める支援に的確に応えていけるよう、専門相談員やケースワーカーとの連携を図りつつ、カウンセラー・看護師による心理的・医療的ケアを行っている。また、DV家庭の被害者である同伴児への専門的ケアや、保育力が十分でない母親への助言・指導などのために保育士を配置している。

4　相談処理の状況について

DV防止法についての周知が図られたこと、法が本格施行となり配偶者暴力相談支援センターが相談窓口として機能し始めたことにより、それまでひとりで悩んだり、我慢してきたDV被害者たちが、配偶者からの暴力が犯罪であると認識し、積極的に相談してくるようになってきている。

恐る恐る「私がいたらないから、暴力を振るわれているのではないのですか」「私は本当に悪くないのですね」といった自分がDV被害者であることを自らは判断できないで、確認してくるといったことも未だ多い。一方、「以前夫から暴力を振るわれ警察に行ったが、家庭内のことだからと相談にのってもらえなかった。けれどもDV防止法ができてからは、親身になって相談に応じてくれている」という安堵の声もある。「我慢するしかない、どうしようもない、と思っていたが、一時保護してもらえることを知り、家を出ることを決心した」という決意の声も寄せられている。全般的な相談内容は、夫と別れたい、母子生活支援施設に入りたい、どうしたら夫の暴力が収まるか、今の苦しさを聞いて欲しい、等々である。

DV被害者の場合、相談当初は、多くが自分の気持ちを整理して話してはくれず、不安と危険と混乱の中にいることから、相談員はずっと聞き続ける。それから気持ちを一緒に整理する。DV被害者本人の希望が、現在本人の置かれている状況や本人自身の状態から考えて適当かどうかに留意しながら助言・指導を進め、今後の方針を立てていく。DV被害者は皆状況が異なることから、一律の対応はできない難しさがあるので、相談員は自主的な研修を定期的に行うなど、自己研鑽を重ねている。

当サポートセンターで受けた相談件数の状況は、別表2のとおりである。来所相談は、二〇〇二年十月末までの七か月で一三二件、内DVの相談が七割の九三件である。多くは助言・指導を行ったのみであるが、即一時保護となったものが八件であり、助言・指導を行った後、計画的に行動したり、改めて考えを整理したりした後一時保護となったものが四件である。保護命令の申立てに結びついたものは五件である。また、電話相談は、総相談件数五、八九〇件で、内DVは二割の一、一三六件である。また午後五時から午前九時までの間に受けた電話相談は、全電話相談件数の約四割であり、日中の電話相談と変わらない需要がある。

別表 2

	来所相談件数		電話相談件数		総相談件数		一時保護件数		
	数総	内DV	総数	内DV	総数	内DV	総数	内暴力	内DV
4月	17	14	621	144	638	158	26	26	25
5月	29	13	823	168	852	181	24	21	19
6月	22	16	946	172	968	188	32	30	28
7月	18	15	847	184	865	199	18	17	14
8月	18	12	868	161	886	173	19	16	14
9月	12	11	847	134	859	145	15	15	15
10月	16	12	938	173	954	185	22	18	17
計	132	93	5890	1136	6022	1229	156	143	132

(2002年)

5　生活再建支援にむけて

夫などの暴力からの避難を求めるDV被害者や同伴する子どもたちを、二四時間適切で安全かつ速やかに保護ができるよう、夜間においても常勤職員一名を配置し、警備についてはガードマン一名が当たっているほか、生活指導員二名が常時勤務している。

一時保護の状況は、別表2のとおりである。DV被害者とその同伴家族が約八割であるが、それ以外に息子から暴力を受けている女性や親から暴力を受けている一八歳以上の女性なども保護している。

一時保護の間には、DV被害者が本来もっている力を発揮できるような支援を基本に、本人の意志を尊重しつつ関係機関との連携をとりながら生活再建を進めている。

その前提として、一時保護所では安全が確保されていることを認識してもらい、安心して自分の身の上を考えられるよう配慮し、その上で、面接・カウンセリング等により徐々に生活再建への意欲を高めていくようにしている。

一時保護するDV被害者の多くは子どもを同伴している。同伴児の数は四月一日から一〇月末までに一三四人で、それら同伴児は、直接暴力を受けていたり、母親への暴力を目にしているため、心に深く傷を負っていることが多い。また、不安定な家庭環境のもとで養育されてきたことから、人格形成や行動面においても多くの問題を抱えている場合がある。このような母親や子どもに対しては、心理判定員やカウンセラーがケースワーカーと相談・協議しながら助言・指導に当たっている。

さらに、保育士が子どもたちの保育に当たるとともに、母親の保育力向上のため、アドバイスを行う一方、母親からの養育相談にも応じている。

6　DV被害者支援の拠点として

千葉県では、DV対策に関係がある地方裁判所、家庭裁判所、地方法務局、地方検察庁、県警本部、医師会、弁護士会、看護協会、母子婦人相談員、各市町村の代表等々、二一の関係機関等のネットワークを組織している。

また、市町村等地域におけるDV対策ネットワークが次々に立ち上がってきているが、これらの組織がより強化され、DV被害者への支援を実効性のあるものとするため、当サポートセンターでは、DV被害者支援の拠点として、関係機関との連絡調整、市町村相談窓口等への情報提供、研修機会の提供、DV問題の調査研究等を行っていくほか、市町村や民間諸団体との連携も行っていきたいと考えている。

7　今後の課題

当サポートセンターの業務は、ＤＶ被害者の支援の拠点としてかなり周知されてきているが、一方、ＤＶ加害者による追求も激しくなってきている。そこで、その対策として、県を越えた広域的連携・協力も行っていきたいと考えている。また、当サポートセンターから地域的に遠い所に住むＤＶ被害者からの相談をどう受けるか、一時保護はどのように行っていけばよいか、相談窓口の少ない地域における配偶者暴力相談支援センターの設置等、検討を進めていく必要性がある。

さらに、保護命令の対象に子どもや家族が含まれていないこと、保護命令の期間が短いことや再度の申し立て手続き等の煩雑さ、生活再建を進める上での健康保険や公営住宅、住民票に関する問題など、ＤＶ防止法の見直しをはじめとした法制度の整備の必要性も感じていることから、さまざまな機会を捉えて要望していきたいと考えている。

フィリピン女性への法的支援と人権擁護のために

フィリピンには、先進的な法律がいくつもある。特に行政と民間団体（NGO）との協働を盛り込んだ人権、環境、地方自治等の法律分野では、アジアの中でも最も先進的であるといえるだろう。

女性の人権擁護のための法律としては、一九九五年に「セクシュアルハラスメント防止法」、一九九九年には「性的搾取防止法」、二〇〇〇年には、強制的な性産業への女性の人身売買・強制労働・強制移住の禁止に関する法律が制定され、現在も法案として、「DV防止法案」、「親密な関係における虐待防止法案」などがある。

フィリピンのもう一つの特徴は、そうしたかずかずの法律を実質的に運用するための活動を専門とするNGOが数多く存在することだ。

中でも、女性を対象とした法的支援と人権擁護活動を行うために設立された民間団体が、「ウィミンリード（注）」である。設立三年目だが、フルタイムスタッフ一六名、女性の人権擁護を専門的に行う弁護士を五名抱える、女性のための女性による法的支援を行うフィリピン国内で唯一のNGOである。

二〇〇〇年、「もう一つの法律家グループ（Alternative Law Groups：ALG）」の弁護士と女性の法的支援を行う「パラリーガル」の女性九名が、非営利民間法人として設立した。設立直後から女性の権利擁護を目指して、様々な法的支援活動、社会啓発活動を行い始めた。

なお、「パラリーガル」とは、リーガルアシスタントとも呼ばれ、法的知識をもち、弁護士の監督の下で、実質的な法務業務を行う人をさす。弁護士のように法律に関する判断を行ったり、顧客に直接アドバイスをしたりすることはできないが、訴訟手続きの書類作成や顧客へのアドバイスの下準備などの業務を行う専門家だ。

森田汐生

（アサーティブジャパン　代表）

フィリピンでは、パラリーガルは貧困層や農民、漁民を対象とした人権擁護活動を行う者として知られているが、女性にたいする暴力防止にかかわるパラリーガルは、一九九〇年代なかばから活発な活動を行うようになった。

ウィミンリードの主な事業としては、女性に対する法的支援事業、研修・啓発事業、調査・出版事業の三つである。

法的支援事業としては、女性の権利擁護を土台として具体的なケースを取り扱い、個々のケースに対しては、法律相談とカウンセリングを提供している。

研修・啓発事業では、パラリーガルの養成研修、法律家や弁護士を対象とした女性の人権擁護の教育プログラムの実施、社会啓発のための講座、講演などを行う。

調査・出版事業としては、法律を女性の人権の視点から評価する機関雑誌の発行、女性の人権擁護の視点での調査研究、インターネットを活用した法律の情報提供を行っている。

このパラリーガル養成研修は、女性問題にかかわる民間団体の援助職、および一般の人が、法的な専門知識をもって様々な女性問題に対処できるための実践的な研修だ。ドメスティック・バイオレンス（DV）被害者の法的支援を目的とした研修として、日本のNPOでも学ぶものが多いだろう。

ホームページは、http://www.geocities.com/women_lead/index.html

（注）Women's Legal Education, Advocacy & Defense Foundation, Inc.
(Womenlead Foundation Inc.)

ドメスティック・バイオレンス防止にむけて

ジュリー・フルチャー
ドメスティック・バイオレンスに反対する全米連合　公共政策部長

ドメスティック・バイオレンス（以下、ＤＶ）は、多くの女性にとって人生の不幸な一局面である。近年、世界中で、この問題へ認識が高まっている。

一人ひとりは、ＤＶは自分たちが暮らす地域ではなく、他の地域で起きるものと考え、この問題を遠ざけがちである。人々は往々にして、ＤＶは他の国や民族、他の文化グループや経済グループ、他宗教を信仰する人々の間でのみ起こり、自分たちの「裏庭」では決して起きないと誤って信じている。

しかし、研究者が多くの国々や社会グループでこの問題を研究するにつれ、一つの事実が明らかになった。世界中どこでも、また、どの社会においても、ＤＶから自由なところはないようである。

米国では、三人にひとりの女性が一生のうちに、親密なパートナーからの暴力を経験している。[1] 日本での研究はそれほど広範なものではないが、二〇〇〇年に実施されたある全国調査は、二〇人にひとりの女性が夫から生命の危険を感じたことがあると報告している（(財) 横浜市女性協会 英文ニューズレター一五号)。両国においてＤＶは主要な問題となっており、問題解決には、明らかに、かなりの資源を投ずる必要がある。

米国では、一九九四年と二〇〇〇年の「女性に対する暴力防止法（The Violence Against Women Acts of 1994 and 2000)」(以下、暴力防止法）に沿って、連邦政府はＤＶ問題に資金を投じた。その効果は劇的なものである。九四年の同法可決以来、報告されたＤＶの件数は二〇％以上減少した。[2]

一方、日本でも二〇〇一年にＤＶを対象とした初めての法律――配偶者からの暴力の防止及び被害者の保護に関する法律（以下、ＤＶ防止法）――が可決され、すべての都道府県において被害者への対応が求められることになった。これは重要な一歩である。しかし、それに伴い日本政府が投じた資金は非常に少なく、効果的な対応を生みだすには制約が大きすぎる。

米国における当初の取り組みは財源が非常に少なく、それで明らかになったのは、新しい取り組みを成功させるには、はるかに多くの資源を要するということであった。米国と日本はともに、こうした資源の必要性を引き続き認識し、ＤＶのプログラム作成への財政支援を大幅に増やすことが望まれる。

九四年の暴力防止法のもとで米国が行った相当額（六年間で十六億ドル）の投資は、十分にその価値があり、その結果、節約された社会的コスト――医療面や制度面、職場におけるコストなど――は、おそらく一四八億ドルになるだろうと、最近の研究[3]は明らかにしている。

「コミュニティにおいてすでに起きてしまった暴力への介入プログラム」にエネルギーと資源を費やすことは不可欠ではあるが、介入だけでは決してＤＶを根絶することはできない、と理解することも重要である。介入はすでにことが起きたあとでの取り組みである。私たちの目的は、まず、問題の発生を防ぐことでなければならない。そのためには、強力な防止戦略を開発、実施することが肝要である。本論文では、米国と日本の両国で実施されている有望ないくつかの取り組みに言及し、さらに多くの取り組みが必要であることを強調したい。

ドメスティック・バイオレンスの原因を理解する

どのような防止戦略においても、その核心には、問題の原因に対する理解がなければならない。DVは、人が力ずくで他人をコントロールしようとする行動の一形態である。身体的な暴力はそうした行動形態の一つであり、通常、感情的虐待や脅し、強制、疎外、被害者が仕事や学校に行く自由の制限、経済的虐待、性的暴力など、被害者を支配するための企ても伴う。私たちがDVを防止するためには、このような行動形態のすべてを理解すべきである。

DVに影響を及ぼす多数の原因については、継続して議論されているが、すでに明らかになっているのは、DVは学習された行動であるということだ。人はバタラー（暴力をふるう加害者）に生まれない。むしろ、人生のある時点でバタラーになる。

DVが存在する家庭で育つ子どもは、DVの被害者あるいは加害者になりやすい。[4] 女性をコントロールする手段としての暴力モデルは、家庭だけでなく、コミュニティやメディア、文学、その他子どもの身のまわりにも見られる。暴力やその他の威圧的行動を目にした子どもたちが同じことをする可能性がある、というのは驚くにあたらない。

社会学習理論では、私たちは他人を観察することによって行動を学習する、と教えている。しかし、学習過程において同様に重要なことは、行動した結果どのような反応を受けるか、である。[5]

もしも、子どもが暴力行為を目撃しても、その行為に対して、社会的・法的な報復をもたらすような激しい怒りを社会が示せば、子どもがそこから学習する教訓は「暴力は受け入れられない」というものである。ただし、社会が何も反応しなければ、学習する教訓は「暴力は欲しいものを得るために受け入れられる手段である」というものである。

不幸にも、世界中で起きているのは、概して、社会はＤＶを無視することであった。実際、人々は往々にして、ＤＶは家族の問題で他人が関わるべきではないと考えている。そのため、私たちが子どもに教えている教訓は、ＤＶは「欲しいものを得るために受け入れられる手段である」というものだ。

この問題は、性別役割と期待によってさらに複雑なものになる。米・日両国では、概して、男性は職場でも家庭でも、強くてパワーのあるリーダーであることが期待される。強さとパワーを強調することは、女性に対する暴力・強制・支配が男らしさの側面であるとの誤った観念を導きやすい。これに、女性はもっと優しく従順であるべきだとの期待が結びつくと、潜在的なバタラーは、「男」を意味することの一端として、ＤＶを犯す可能性が生じる。

子どもと若者を対象とする

確かに、私たちは生涯を通じて学び続けるが、私たちの信念や行動は、非常に早い段階で形成され始める。したがって、ＤＶ防止プログラムは、あらゆる年齢の子どもに向け、それぞれの年齢の子どもが知的・感情的に理解できる方法で行うべきである。その一つが、防止プログラムを学校で行うことである。米国では非営利団体（以下、NPO）が地域の学区と手を組み、教室に特別な教育プログラムを導入している。トレーニングは、通常、NPOの専門スタッフが行っている。

ロサンゼルスを拠点とする「Break the Cycle（悪循環を絶つ）」（www.break-the-cycle.org）はそうしたプロジェクトの一つである。主にティーンエイジャーに焦点をあて、デーティング・バイオレンス（デートにおける暴力）について、若者たちを教育する。教室で話す若者たちの多くはすでにデートで暴力を経験していると考え、このプロジェクトは、若者たちが必要とすれば介入も行う。

マサチューセッツ州ボストンの「Peace at Home（家庭での平和）」（www.peaceathome.org）という名称の団体は、学校での教育に異なった形でアプローチしている。まず、ティーンエイジャーをピア（仲間）教育者にする訓練から始める。同年齢の若者に、人権問題であるDVについて教えるためである。ピア教育者は、その後、教室で同輩たちにDVについて教える。この問題について、大人よりも同年齢の人と話す方が楽な気持ちで話せる、と考えるからである。男女が一緒に議論できるよう、同年齢のピア教育者は、男女混成チームでプレゼンテーションを行う。

もう一つの若者の教育方法は、インターネットを利用することである。米国の子どもやティーンエイジャーはコンピューターを使う能力にかなりたけており、とても頻繁にインターネットを使用している。DVに関して若者を教育するのに役立つ情報も、ウェブ上で数多く提供されるようになった。

その一例は、カリフォルニア州サンマテオのDV防止センター（The Center for Domestic Violence Prevention）（www.teenrelationships.org）が、特にティーンエイジャー向けに作成したウェブサイトである。そこでは彼らに親しみやすい方法で議論が行われ、この問題を話し合えるチャットルームもある。

もう一つのアプローチは、学校という社会の状況全体を変えるために、学校をまるごと対象にしたものである。米連邦政府が資金提供したプロジェクトの一つにテキサス州オースチンにあるNPO、「Safe Place（安全な場所）」（www.austin.safeplace.org）の「the Expect Respect Project（尊重を期待するプロジェクト）」がある。三年間のこのプロジェクトは、小学校に出向き、教師や学校経営者、学生や親を対象に、いじめやセクシュアル・ハラスメント、ジェンダー・バイオレンス（文化的・社会的な性に起因する暴力）について教育を行うものである。こうして、子どもを取り巻くコミュニティ全体に包括的にアプローチすることで、子どもが信念や行動を持続的に変えていく機会が増大する。

日本の学校では、女性への暴力に対する同様のプログラムは、まだ実施されていないが、低年齢の子ども向けに実施している世界平和に関する試みの中に、有効なモデルがある。子どもたちに平和の重要性を話すために時間を設けている。また、多くの学校では修学旅行で長崎や広島の平和記念碑を訪れて、折り鶴（平和のシンボル）を届け、そこで世界平和に向けて努力しようと誓うのである。これは、ジェンダー・バイオレンスの教育方法を考える枠組みとしても、活用できる可能性がある。

最後に指摘したいのは、米国では、子どもや若者向けにそれぞれの年齢に適した本やビデオが市場でますます入手しやすくなっている点である。これ以外にも、大人が子どもに向かって暴力防止についてどのように話したらいいのか、大人の手助けとなるよう企画された資料もある。[6]

その二つは、エドワード・ジェームズ・オルモス・プロダクション作成のビデオ、「It Ain't Love

（それは愛ではない）」と「The Quiet Storm Project（静かな嵐プロジェクト）」（www.thequietstormproject.comEdward）である。このビデオの中で、若者自身がデートや家庭での暴力について自分の経験を語っている。また、ビデオには、教育者向けのカリキュラムも付いており、若者がこのビデオを見る際に、彼らに何を話したらいいかが書かれている。

男性と少年を対象とする

ＤＶ防止へのもう一つの重要なアプローチは、防止に向けた取り組みに男性と少年が協力できるように、両者を対象にすることである。

ジャクソン・キャッツやポール・キベルのような教育者は、少年が乱暴な言葉を使わずに男らしさを表現できるよう手助けする方法やＤＶをなくすために男性が女性と手を組む方法を書いた本や論文、カリキュラムを出している。[7] 彼らは、少年がどのように性別役割を学習し、どのように男性役割に暴力を組み入れていくかに焦点をあて、少年教育の中でその傾向を逆転するアイディアを開発してきた。これは、少年を対象とした防止対策の核となるものである。

米国では、女性に対する暴力をなくすことに関心をもつ男性が多くのＮＰＯを設立した。これらの団体は、なぜ、女性への暴力は悪いことなのかを、男性や少年に話せるユニークな立場にある。

ワシントンＤＣにある団体、「Men Can Stop Rape（男性はレイプを止めることができる）」（www.mencanstoprape.org）は、若い男性を対象に、性的な行為はしたくないという女性の選択を尊重することを促す、強力なキャンペーンを展開した。あるポスターには「私の力は傷つけるためのものではない。だから、彼女がやめて欲しいと思ったとき、私はやめた」と書かれている。また、シリーズになっている別のポスターには、女性を尊重するメッセージを伝えるために、男性役割のモデルとして有名なプロサッカーチーム（DCユナイテッド）の選手に出演依頼した。

もう一つのプログラムは、サンフランシスコを拠点とする「Family Violence Prevention Fund（家庭内暴力防止基金）」（www.endabuse.org）のものである。キャンペーン名は「Coaching Boys into Men（少年が男になるよう指導する）」で、すべての男性が、少年にとって非暴力の手本となるように促すことに焦点をあてている。一連の公共広告では、男性役割の手本である父親やコーチなどが、DVはなぜ悪いのか、少年に説明するよう奨励している。少年たちはテレビやビデオゲーム、友人から多くの不適切なメッセージ受け取っている。その影響に対抗するために男性たちは努力すべきだ、とキャンペーンは指摘している。

マサチューセッツ州グロスターでの非常に興味深いキャンペーンは、「Gloucester Men Against Domestic Abuse（家庭での虐待に反対するグロスターの男たち）」（www.strongmendontbully.com）の手になる。彼らは、町の目に触れやすい地域に、「強い男はいじめない」と書かれた大きな広告板を立てたが、その広告には、資金提供した町の男性五〇〇人以上の名が入っていた。広告の一番下には、広告板に名前を追加してほしい男性が電話をできるように番号が書かれていた。

さらに、市のそれぞれの入り口には、「グロスターはDVのない地区です。ここでは、虐待防止のための法律が適用されます」と書かれた看板が立っている。このキャンペーンは、明らかに、町の住民が共通の目的でまとまるように行われているもので、ジェンダー・バイオレンスに対する地域の古い価値観や規範を変える効果を狙っている。[8]

社会の意識・価値観を変えるためにメディアを利用する

メディアが子どもや社会規範にマイナス効果を与えるかどうかについては、数十年来議論されてきた。[9]米・日両国において、今日、子どもや若者、大人の世界で、メディア――テレビや映画、ビデオゲーム、インターネット、印刷物、ラジオ――が、大きな役割を果たしていることは疑う余地がない。こうした影響を認識し、メディアが送るメッセージを批判的に見る目を養うことで、私たちはよりよいメッセージを発信する方法を開発できるようになる。

その一つは、メディアを通じて、率先して前向きなメッセージを送ることである。DVに関する公共広告は、米・日両国で利用されてきた。

日本では、二〇〇一年のDV防止法の可決を受け、内閣府男女共同参画局は全国的な新聞・雑誌の全面広告を含む国民の意識向上キャンペーンを行った。その後、DVに関するビデオも作成し、全国の女性センターに配布した。こうした重要な段階を経て新しい法律が人々に紹介され、この問題に関する一般市民の意識の高まりがみられた。

こうした政府の取り組みは、特に日本のように、社会変革が往々にして政府主導で進むような文化では、非常に有効である。日本政府が徹底的で広範な防止キャンペーンを継続して開発・実施することは、DV防止に向けた重要な前進となるだろう。テレビやラジオによる公共広告を取り入れたキャンペーン拡大も、これに含まれる。

日本の大阪に、社会を変えようとする取り組みに、興味深い防止モデルがある。それは、地下鉄や電車での痴漢問題に取り組むポスター・キャンペーンで、女性へのいやがらせを思いとどまらせようとするポスターが、駅や車内のいたるところに貼ってある。痴漢がいかに深刻な問題であるかは、ラッシュアワー時に「女性限定」車両が走っていることでもわかる。DVに関しても同様で、目に見える形のキャンペーンは非常に有効に働くだろう。

米国では、反DVのポスターや（車の）バンパー・ステッカーはかなり一般的になっている。そのほとんどは、NPOが始めたものだが、自治体や企業のスポンサーから支援や資金を受けることは、よくあることだ。テレビやラジオ、印刷物による公共広告も、NPOが地域で立ち上げたものが多い。雑誌や新聞と同様にテレビ局やラジオ局も、NPOに対してたびたび広告の時間やスペースを快く提供している。これは防止への取り組みに対し、どうすればメディアは、多大な貢献をなし得るかという一例である。

この問題にさらに深く関わっている地方放送局もいくつかある。ライフタイム・テレビジョンは、いくつかの意識キャンペーンやイベントのスポンサーとなっただけでなく、自局の番組「ザ・ディビジョン」や「ストロング・メディスン」で問題を取り上げたり、ジェンダー・バイオレンスに直説取り組むテレビ映画も制作した。制作にあたっては、内容の正確さを確保し、前向きな防止メッセージを確実に送るために、非営利グループと相談しながら行われた。

雑誌『マリ・クレール』は、DVの深刻さに注目し、二〇〇二年の夏、首都ワシントンで行われたイベントのスポンサーとなり、女優サルマ・ハイエクがイベントに参加した。同誌はこのイベントを特集した号（二〇〇二年一〇月号）に、ＤＶに関する記事も多く掲載した。

有名人はしばしば一般の人に強い影響を与える。米国と日本の企業は、長年、製品を販売するために俳優やミュージシャン、スポーツ選手、政治家さえも利用してきた。同じように、ＤＶの防止メッセージを伝えるために、その同じ人物を利用することができる。

「The National Coalition Against Domestic Violence（ＤＶに反対する全米連合）」（www.nacadv.org）は、「Voices Against Violence（暴力に反対する声）」と題するキャンペーンを実施しており、ＤＶ反対の声をあげてくれる有名人を招いている。音楽アーティストで活動家でもあるマイケル・ボルトンは、同連合のスポークスパーソンとして、この問題への意識を高めるために企画したイベントに参加している。彼はまた、自分でも慈善事業を展開し、女性と子どものための資金を集めている（www.michaelboltoncharities.com）。有名人は、多くの人々の信頼や愛情、尊敬を集めやすいため、ＤＶ防止に向けた取り組みに大切な貢献ができる得がたい存在である。

地方放送局は、問題が生じたときの取り組み方によって、ＤＶに対する社会の価値観に大きな影響を与えることもできる。先に論じたように、ＤＶ行為が社会から何の報復も受けないと、有害な教訓が学習されることになる。だからといって、法的手段がＤＶへの唯一可能な反応ではない。一般の人々がジェンダー・バイオレンスを否認することが、大きな抑止力となり、ＤＶは容認されないというメッセージを確実に伝えることに役立つ。メディアは、それを可能にする強力な機会を有している。それは、ＤＶを深刻な問題として扱い、不正な行動の責任は加害者にあると示し、被害者は尊重し、サポートしながら扱うことによってである。ＤＶ事件に関する報道やドキュメンタリー制作を責任をもって行うためには、ＤＶの専門家と密接な関係をもちながら仕事を進めることも可能である。

防止への取り組みのための強力な基盤をつくる

本稿では、ＤＶに関する意識を高め、防止するための、個々の多くの取り組みを強調した。いずれも人々に重要な影響を与え得るものである。しかし、真に社会的な変化をもたらすために必要なのは広範で統合された取り組みで、それには重要で豊かな知識と財源が要求される。

豊かな知識に関しては、米国にも日本にも、長年ＤＶに取り組んできた個人や団体が存在している。これらの専門家は、ＤＶの経験やＤＶがいかに個人や家族、社会に影響を与えるかについて幅広い知識をもっている。そして、多くの努力と知力を傾けて、どのようにしてＤＶをなくすために必要な社会的変化を生み出していくか、考えてきた。この人たちの一人ひとりが、各種のプログラムが確実に効果を発揮できるような防止対策を生みだす推進力になるに違いない。

日米ともに、通常、こうした経験豊かな専門家はＮＰＯに加わるが、報酬は低く、オーバーワークとなっている。しかし、アイディアや仕事の成果を共有することで、個人に過度に負担をかけることなく、多くを達成できるだろう。この点で重要なのは、情報の共有方法を見つけることである。

もっとも期待できる方法は、インターネットを利用することである。これなら、情報やアイディア、仕事の成果を他の人々も入手できて、あまり費用もかからない。「The Minnesota Center Against Violence and Abuse（暴力と虐待に反対するミネソタ・センター）」(www.mincava.umn.edu) のような電子情報センターは、膨大な量の情報の共有を可能にしてくれる。

米連邦政府は「National Resource Center on Domestic Violence（DV全米リソース・センター）」やDVが人口の一定層に与える影響に焦点をあてた「Special Interest Resource Center（特別関心リソース・センター）」のいくつかにも資金を出した。これらのセンターは、場所を提供されたNPOが運営し、他の人々が自分たちの活動を改善するために共有できる研究やプログラム作成に関する情報を収集している。

互いに学び合う力や効果があると証明された取り組みに基づいて新プロジェクトを立ち上げる力を高めることは、本当に社会を変えるための私たちの力を大きく強化することだろう。

防止への取り組みに対する財政支援が不可欠なことは明白である。不幸なことに、潜在的な資金提供者——政府や企業、基金、個人など——は、防止よりも介入に資金を投じることを好む。なぜなら危機は誰の目にも明らかで、そこに介入することは、目に見える結果を得ることが多い。そのため、常に、最悪な状況に興味をもつ政府や企業には、介入のための資金提供は魅力的にうつる。

意外に思えるかもしれないが、防止対策は、資金さえ十分に投下されれば、より効果的なお金の使い方となるだろう。前述したように、日米の政府はともに、他の政府支出と比較すればきわめて少額ではあるが、DV対策に予算をつけている。両国とも、政府はジェンダー・バイオレンスの防止に対し予算を拡大すると保証している。同様に、両国の自治体も、防止に予算をつけることの利点を認識することは賢明だろう。

米国のDV運動は、企業に支援を求める点で、かなり成果をあげている。たとえば、多くの大企業が結束して「The Corporate Alliance to End Domestic Violence（DVを終わらせる企業連合）」

(www.caepv.org) を創立した。DVが企業の生産性に与えるマイナスの影響や、従業員やコミュニティに対する企業責任の重要性を認識して、DVをなくそうとする人々と力を合わせるようになり、企業は資金を提供した。

日本には、このような伝統はあまりないが、企業は未開拓の潜在的資源である。社会的変化に対する財政的支援を見つける鍵は、できるだけ多くの資源を巻き込むことにあるが、新しいパートナーを開拓する利点は他にもある。DVに立ち向かうために、すべての市民が一丸となることに一歩近づけてくれることである。

(原文英語、訳　加藤登紀子)

参考文献等

1 American Psychological Association (1996), *Violence and the Family Report of the American Psychological Association Presidential Task Force on Violence and the Family.*

2 Callie Marie Rennison and Sarah Welchan (2000 & 2002), *Intimate Partner Violence*, U. S. Department of Justice, Office of Justice Programs, Bureau of Justice Statistics.

3 Kathryn Anderson Clark, Andrea K. Biddle & Sandra L. Martin, "A Cost-Benefit Analysis of the Violence Against Women Act of 1994," *Violence Against Women*, Vol. 8, No. 4, April 2002.

4 M. A. Strauss, R. J. Gelles & c. Smith (1990), *Physical Violence in American Families : Risk Factors and Adaptations to Violence in 8,145 Families*, Transaction Publishers ; Lieberman Research Inc. (November 3, 1995), *Domestic Violence Advertising Campaign Tracking Survey : Wave III*, Prepared for : The Advertising Council and Family Violence Prevention Fund.

5 R. A Baron and D. Byrne (2001), *Social Psychology*, 9th Edition, Allyn & Bacon Publishers.

6 Paul Kivel & Nancy Gorrell (2000), *I Can Make My World a Safer Place : A Kid's Book About Stopping Violence*, Hunter House Inc. ; Diane Davis & Marina Megale (1984), *Something is Wrong at My House*, Parenting Press ; Martine Agassi & Marieka Heinlen (1999), *Hands Are Not for Hitting*, Free Spirit Publishing, Inc.

7 Paul Kivel (1999), *Boys Will Be Men : Raising Our Sons for Courage, Caring and Community*, New Society Publishers ; Jackson Katz (1995), *Reconstructing Masculinity in the Locker Room : The Mentors in Violence Prevention Project*, Harvard Educational Review, Vol. 65(2).; Jackson Katz (1998), *More Than a Few Good Men : Strategies for Inspiring Boys and Young Men to Be Allies in Anti-Sexist Education*, Wellesley College Center for Research on Women (www. wellesley. edu/WCW).

8 Additional examples of work targeting men and boys include : *Men Make Choices* Campaign - Texas Council on Family Violence (www. tcfv. org); Men Stopping Violence (www. menstoppingviolence. org); Men Overcoming Violence (www. menovercomingviolence. org); Dads and Daughters (www. dadsanddaughters. org); Mentors in Violence Prevention (MVP) of Northeastern University's Center for the Study of Sport in Society (www. sportinsociety. org/mvp. html)

9 Baron and Byrne (2001).

郵便はがき

料金受取人払

麹町局承認

8637

差出有効期間
2004年12月18日
まで

(上記期間までは、
切手をはらずに
ご投函ください。)

102-8790

東京都千代田区
飯田橋一—九—三

株式会社
学陽書房
編集部行

女性施設ジャーナル 8（'03年版）

お買い上げありがとうございました。今後の出版企画の参考にさせていただきたいと存じます。皆さまのご意見やご感想をぜひお寄せ下さい。

★本書をお知りになったのは

1. 広告（　　　　　　　　　　　　　　　）　2. 書店で見て
3. 書評（　　　　　　　　　　　　　　　）　4. DM・チラシ
5. その他（　　　　　　　　　　　　　　　）

★本書の中でおもしろかった記事をお教え下さい。

★その他ご意見、ご感想をお聞かせ下さい。

お名前《ふりがな》	（　歳）女・男
ご住所	（〒　　　　　） ☎
ご職業学校名 ご専攻など	
お買上げ 書店名	

女性の健康とドメスティック・バイオレンス

釜野さおり
国立社会保障・人口問題研究所
人口動向研究部第二室長

吉浜美恵子
ミシガン大学
社会福祉大学院準教授

はじめに

健康とは、単に疾病がない状態ではなく、精神面や社会面など全ての側面において良好な状態を意味する。本稿では、女性の健康を広く捉え、ジェンダーの不平等に起因する女性の健康を蝕む要因を考察し、中でも重要なドメスティック・バイオレンス（夫・恋人による暴力）の被害に焦点を当て、WHO（World Health Organization 世界保健機関）「女性の健康と生活についての国際調査」[1]日本調査の結果（以下、WHO調査）をもとに、夫・恋人による暴力が女性の健康に与える影響を検証する。最後に、女性施設及び関連機関において、どのような支援が可能かを探る。

1　女性の健康を蝕む多数の要因

女性の日常生活には、健康を蝕む要因が多数存在しているが、そのほとんどはジェンダーの不平等に根源があるといえよう。たとえば、マスメディアによって誇張される「女性像」の基準に近づこうとするがために、拒食症・過食症に苦しむ女性は少なくない（浅野、一九九六）。また、ストレスが疾病のリスクを高めることは既知のとおりであるが、女性の日常生活でのストレス源は計り知れない。痴漢やセクシュアル・ハラスメントなどの被害に加えて、被害を受けるかもしれないという不安に常にさらされていること、パートや派遣雇用などの不安定な立場にあること、家事、育児、介護労働の大半を担い、就労生活との「両立」の苦労を背負いながら生活していることなどによって、女性は継続的にストレスを受けている。夫や恋人との関係の中で暴力を受けている女性も多く（「夫（恋人）からの暴力」調査研究会、一九九八　東京都、一九九八　総理府、二〇〇〇）、暴力によるケガだけでなく、それを受けたことがストレス源となり、健康を害している。つまり、ジェンダー不平等な日本においては、女性にとって「安全な場所」はないといっても過言ではない。

2　健康問題としてのドメスティック・バイオレンスと WHO「女性の健康と生活についての国際調査」

日本におけるドメスティック・バイオレンスの被害の深刻な実態は、九〇年代に民間機関、自治体、政府によって実施された調査によって明らかにされ、社会問題として取り上げられるようになった。社会的・法的対応を求める声が高まり、ようやく「配偶者からの暴力防止及び被害者の保護に関する法律」（夫・恋人による暴力防止法）が成立し、二〇〇二年四月一日から全面施行されているが、対応は不十分である。

夫や恋人による暴力への対応においては、司法的な対応やシェルター設立が重視されがちであるが、これを公衆衛生・健康の問題として取り上げる必要性も徐々に認識されてきている。WHOにおいても、一九九六年に「女性への暴力についての協議会」(Consultation on Violence Against Women)が開催され、女性に対する暴力が女性の健康を阻む危険因子として重要であることや、その対策の必要性が指摘された。しかし、これまでに日本で実施された調査では、暴力を受けた女性にのみ、健康状態や自覚している影響についてたずねているため、夫・恋人による暴力が女性の心身に影響を及ぼすのかどうかの実証は困難である。日本における研究がこのような段階にあった時期に、WHO保健政策部は、ドメスティック・バイオレンスと女性の健康についての国際調査の企画を発表した。[2] 日本における対応を改善する一助となるのではと考え、参加した。

この調査では、層化二段無作為抽出法で選ばれた一八歳〜四九歳の女性二四〇〇人中一三七一人から協力を得た（回収率五七・一%）。回答者の安全を重視し、面接聴取法と面前記入法を併用した（「WHO・DVと女性の健康調査」日本調査プロジェクトチーム、二〇〇一）。回答者の平均年齢は三四・八歳、平均就学年数は一三・六年、就労している女性が五八・八%、うち正規職員は四六・〇%でパート・アルバイトは五三・六%であった。この調査では、これまで男性とつきあったことがあると回答した女性のうち、夫・恋人から身体的暴力あるいは性的暴力（あるいは双方）を受けたことのある女性は一五・四％であった。この調査では、夫・恋人による暴力を受けた経験の有無に関わらず、健康に関して多面的に質問しているので、夫・恋人から暴力を受けたことのある女性と受けたことのない女性の健康状態を比較することができ、「夫・恋人による暴力が、女性の健康に関連しているかどうか」を統計的に分析することが可能である。以下、この調査の分析結果も交え、女性の健康と夫・恋人による暴力との関連性をみていく。

3 ドメスティック・バイオレンスが心身に与える影響

ドメスティック・バイオレンスは、どのような形で女性の健康を阻んでいるのだろうか。

(1) 究極な結果：「死」

ドメスティック・バイオレンスが女性に与える被害の究極的なものは「死」であるが、そこには、夫・恋人による殺人、女性の自殺、暴力を受けたことに起因する死のリスクを高める行動や疾患による間接的な死が含まれる。

警察庁の犯罪統計書によると、殺人事件の女性被害者の約三割は、夫（内縁を含む）によって殺害されている。未解明の事件、事故死・病死と誤認されたケースもあることを考慮すると、実際にはより多くの女性が夫・恋人によって殺害されていると推察できる。

夫や恋人による暴力が原因で自殺を図った女性の数は正確にはつかめないが、かなりの数にのぼるのではないだろうか。WHO調査では「これまでに自殺を考えたことがある」と答えた割合は、夫や恋人から暴力を受けたことのない女性では一一・二％（一〇八〇人中一二一人）、受けたことのある女性では三一・八％（一九五人中六二人）と約三倍だった。

その他、夫・恋人による暴力というストレス源が喫煙や飲酒につながり、それらが引き起こす疾病や事故による死、高血圧、心臓病、糖尿病などを患っている女性が暴力を受けたストレスで疾病が悪化した結果の死もあり得る。

⑵ 暴力による外傷

夫・恋人からの暴力による外傷は、直接、女性の健康を害する。WHO調査では夫や恋人から暴力を受けたことのある女性の約四分の一（一八四人中四三人）が、暴力によってケガをしたと回答している。ケガの種類で最も多いのは、「かすり傷・擦り傷・打ち身・打撲」（三八人、八八・四％）である。ケガをした女性の半数以上（四三人中二三人）が、これまでに治療を要するほどのケガをしたことがあると報告したが、そのたびに治療を受けたのは二三人中一八人（七八・三％）で、さらに注目に値するのは、ケガの原因を医療関係者に話した女性は三人のみと非常に少ないことである。

⑶ 暴力が心身に与える影響

夫・恋人からの暴力は、女性の精神健康にも悪影響を及ぼす。加害者が誰であれ、暴力の被害を受けることは驚愕や恐怖感を生み出すが、それが愛情や信頼を抱く夫や恋人によるものであれば、悲しみ、無力感、怒り、裏切られた思い、嫌悪感、絶望感などの感情をも生みだす。相手への親愛の感情が即なくなるわけではないので、複雑な感情に心が乱れ、さらに暴力をふるわれるのではとの恐怖も加わり、気の休まることがない。このような夫・恋人の暴力に起因するストレスが、鬱病や心的外傷後ストレス障害（ＰＴＳＤ）、不安障害、摂食障害、飲酒、喫煙や薬の濫用、自殺念慮・未遂などにつながる場合もある。ストレスで免疫機能が低下し病気にかかりやすくなったり、ホルモンや自律神経に変調をきたしたりするだけでなく、血圧上昇や胃腸障害などの症状・疾患につながることもある。以下に述べるように、ＷＨＯ調査でも、暴力を受けたことのある女性の健康状態の方が、受けたことのない女性に比べ、悪いことが示された。

●心身の健康状態

二〇の心身の症状の有無をたずねた結果、夫・恋人から暴力を受けたことのある女性は、受けたことのない女性に比べ、より多くの症状を経験している（表1）。

●医療機関の利用と薬の服用

暴力を受けたことのある女性は、いろいろな症状を経験し、病気がちであるため、医療機関・医療専門家にかかる人も多い。ＷＨＯ調査でも、暴力を受けたことのある女性が過去一か月間に医療機関・専門家にかかった割合は二五・五％で、受けたことのない女性（一八・五％）よりも高かった。[3]

慢性的疲労感、頭痛、食欲不振などの症状は、問診や検査を繰り返しても、医学的知見がみつからない場合が多く、往々にして不定愁訴とみなされ、睡眠薬や精神安定剤の処方などの対処療法が用いられる。ＷＨＯ調査においても、暴力を受けたことのある女性は、受けていない女性に比べ、過去一か月間の睡眠薬（六・七％対二・四％）や痛み止め（三四・二％対二三・六％）を服用している割合が高かった。

●飲酒・喫煙の習慣

表 1：調査時からさかのぼった 1 か月間に症状を経験した女性の割合

(%)

症状+	暴力を受けたことのない女性	暴力を受けたことのある女性
頭がしょっちゅう痛い	8.8	10.7
食欲がない*	3.9	8.7
よく眠れない*	7.7	15.3
ちょっとしたことで驚きやすい	2.9	2.6
手が震える	1.8	3.6
神経質になったり、不安になったりする*	10.3	21.0
消化不良*	7.7	14.3
物事をはっきりと考えられない*	2.9	6.2
何となくおもしろくない*	7.2	17.9
いつになく涙もろい	5.2	8.2
日常の活動を楽しめない*	5.0	11.8
物事をなかなか決められない	5.8	8.7
仕事に支障がある	4.8	7.7
自分は世の中の役に立つことができないと感じる*	4.2	8.2
物事に興味がなくなった*	3.0	7.7
自分は価値のない人間だと思う*	2.3	6.2
自殺しようと思ったことがある*	1.4	4.7
いつも疲れている感じがする*	19.9	33.5
胃のあたりに不快感がある*	12.7	22.5
疲れやすい*	30.1	41.3
症状の平均数	1.5	2.6

＋　これらの20の症状は，国際的に広く使われているSRQ20という尺度である。
＊　統計的有意差あり（$p<0.05$）（暴力を受けたことのある人とない人の数値を，統計的な基準に沿って比べた結果，違いがあることを意味する。）

ＷＨＯ調査では、暴力を受けたことのある女性と受けたことのない女性との間に、飲酒や喫煙などの習慣にも違いが見出された。一日の飲酒量を比較すると、暴力を受けたことのある女性は、受けたことのない女性の一・二三倍であった。また、暴力を受けたことのある女性の三七・二％が現在タバコを吸っており、受けたことのない女性の二〇・四％と比べて高い割合であった。

●リプロダクティブ・ヘルス／ライツへの影響

夫や恋人による暴力は、女性の性と生殖に関する健康・権利（リプロダクティブ・ヘルス／ライツ）にも影響し、たとえば夫・恋人による避妊の拒否や、望まない妊娠や中絶につながる。ＷＨＯ調査では、過去五年間に妊娠したことのある女性のうち、夫や恋人から暴力を受けたことのある女性の四四％が、希望した時期の妊娠ではなかったと回答しており、暴力を受けたことのない女性（二三％）より大幅に高かった。また、暴力を受けたことのある女性が中絶をする確率は、受けたことのない女性の二・七五倍であった。

このように、夫・恋人による暴力は目に見えない形でも女性のストレス源となり、女性の健康を多方面から蝕んでいる。ここで強調すべき点は、その暴力が過去のことであっても、「たった一度」のことであっても、女性の現在の健康に関連していることである。

4　女性施設の役割・課題

夫・恋人から暴力を受けた女性のニーズは多様である。女性施設は、各種プログラムを通して、福祉や法律についての情報、他の援助プログラムなどの社会資源を得るための情報、女性が自分の経験や気持ちを批判されずに安心して話せる場、女性が生き方を自分で決める「自己決定」を長期的に支える精神的・物質的支援を提供することができ、女性が暴力のない生活を築いていく過程において重要な役割を担っている。以下、夫・恋人による暴力の健康への影響という視点から、具体的な課題を述べる。

(1) 健康を広くとらえる

女性政策の枠組みのなかで、女性の生涯の健康を広義にとらえ、身体、精神、性、リプロダクティブ・ヘルス／ライツなど多面的な健康の促進が重要である。夫や恋人から暴力を受けた女性の相談においては、「不定愁訴」とみなされ、見落とされがちな症状の頻度や程度についてもたずね、状況に応じて医療機関に照会する必要がある。

(2) 利用しやすくする・障壁を取り除く

暴力を受けた女性が、必要な援助を受けることを阻む要因は多数あり、幾重にも重なりあっている。相談することへの抵抗、交通手段や保育が得られないこと、夫・恋人による行動の制限に加え、健康を害していて相談に出向くことのできない女性も多いことを忘れてはならない。そこで、電話やメールなど多様な方法の相談システムが望まれる。また、スーパーやデパートなど、女性が行きやすい場所に出張相談所を設置することが考えられる。保健所や病院に出張相談所を設けるのも、安全確保の一助となる。たとえば、暴力をふるう夫・恋人による監視や外出制限を免れ、自分や子どもの健康診断や予防接種に行くと言って相談を受けることができる。

(3) 相談形態・相談員を多様化する

専門訓練を受け実践経験豊富な相談員の役割は、ますます重要になってくるが、同時に、夫や恋人から暴力を受けた女性がピア（同じ経験などを共有する仲間）・カウンセラーとして活躍する場をつくるなど、相談にあたる者の多様化を図ることが望まれる。

個人カウンセリングに加え、グループカウンセリングやサポートグループなどを提供し、選択の幅を広げることも重要である。グループには、夫・恋人から暴力を受けた女性が、同じような経験をした女性と出会うことで、孤立感が和らいだり、実際の経験に基づいた安全を確保するノウハウや精神的サポートを得たりするなど、個人面接にはない効用が多数ある（福島&吉浜、近刊）。固定したメンバーが一定期間参加するクローズド・グループ、常時新たな参加者が加わるオープン・グループなど、多様な企画が望まれる。

女性施設における相談に対するニーズは非常に高く、相談を受けるまでに長期間待たなくてはならない場合も多い。予算や人員不足など、簡単には動かしがたい事情もあろうが、必要な時に相談できる体制は女性の健康の促進に不可欠であろう。そのためには、予約なしで立ち寄れるドロップイン機能や上記のオープン・グループなどの体制を整える方法などが考えられよう。

(4) 医療機関との連携

医療機関と女性施設・関連機関とが、暴力を受けた女性を相互に照会できるような連携体制を整えることも大切である。緊急の援助に備え、医療機関と事前に良好で機能的な連携関係を築き、クライアントを照会する際の具体的な手順を取り決めておくことが望まれる。

(5) 利用者と女性施設（とそのスタッフ）との力関係の再考

夫や恋人からの暴力は力の差に立脚した支配と抑圧の構造に支えられている。女性施設・スタッフと利用者との関係において、その構造を再現しないように注意を払い、利用者の主体性、自主性、自己決定を尊重することが重要である。利用規定や資格は、運営上必要ではあるが、各規則について、必要か否か、目的は何か、誰のためなのか（たとえば、利用者の便宜や恩恵の促進なのか、援助提供側の便宜を図るためなのか）、他のやり方での目的達成は可能かを検討することも必要だろう。

⑹ 性差別根絶を女性政策の柱にする

夫や恋人から暴力を受けた女性が、暴力のない生活を築いていく過程を多面的・長期的に支援することが必要である。被害を受けた女性への直接的支援だけではなく、性差別を根絶していくことを女性政策の重要課題に位置付け、女性の経済的自立が困難である現状を変えることを目指した事業を展開していくことが望まれる。保育所の拡充や子育てサークルの設立や運営のサポート、女性のための起業セミナー、（再）就職に向けたワークショップなどの企画が考えられる。また、地域の企業や団体と連携して、女性の職業訓練や雇用の場を確保するなど、女性の社会参加・経済力を促進する一助となるプログラムの提供も、女性施設が担える役割であろう。

最後に

本稿では、ドメスティック・バイオレンスが、いかに多岐にわたり女性の健康に悪影響を与えているかを考察した。夫・恋人からの暴力の他にも、女性の健康を阻む様々な要因の多くは、性差別に起因している。女性の健康を促進するためには、性差別を根絶していくことが不可欠である。性差別根絶に向けた女性施設の役割を再検討するきっかけになれば幸いである。

注　釈

1　この調査は、WHOの「女性の健康と生活についての国際調査委員会」の開発した調査企画に基づき、2000年〜2001年にかけて横浜市で実施された。

調査実施には、WHO国際調査委員会研究会メンバーの吉浜美恵子と釜野さおりの他、共同研究者として秋山弘子（東京大学）、戒能民江（お茶の水女子大学）、林文（東洋英和女学院大学）、ゆのまえ知子（東京家政大学・中央大学）があたった（調査機関：社団法人中央調査社）。事務局は神奈川県立かながわ女性センター研究情報課。企画・実施にあたり、WHO、トヨタ財団、厚生省、ミシガン大学女性とジェンダー研究所、同大学日本学研究センターから研究助成金を得た。

2　ブラジル、ペルー、バングラデシュ、タイ、太平洋諸島、ナミビア、タンザニアでも日本と同時期に実施されている。詳細は http://www.who.int/gender-and/health/pages 参照。

3　本稿で掲載する分析結果は、全て統計的有意差の認められたものである（$p<0.05$）。

引用文献

- 浅野千恵一九九六『女はなぜやせようとするのか―摂食障害とジェンダー』（勁草書房）
- 「夫（恋人）からの暴力」調査研究会一九九八『ドメスティック・バイオレンス』（有斐閣）
- 東京都一九九八『「女性に対する暴力」調査報告書』
- 総理府二〇〇〇「男女間における暴力に関する調査」
- WHO保健政策部「女性の健康と生活についての国際調査」日本調査プロジェクトチーム二〇〇一　WHO「女性の健康と生活についての国際調査」日本調査結果概要
- 福島喜代子&吉浜美恵子（近刊）「ドメスティック・バイオレンスを受けた女性のサポートグループの必要性と企画・運営についての考察」『ソーシャルワーク研究』

ブック&ビデオガイド

●(財)横浜市女性協会
近江美保
三輪久美子
山崎眞世

サポート&サバイバルのための本とビデオ

男女共同参画時代。DV防止法の制定など、相談をめぐる状況は日々変化しています。そんな相談の現場で被害者を援助する相談員にもサポートが必要です。今回は被害者と相談員のサポートとサバイバルに役立ててほしいという思いで、本とビデオを選びました。

1. ドメスティック・バイオレンス

●戒能民江著
不磨書房　2002年
3,200円

「女性に対する暴力」は、国際的な女性の人権運動から生まれた、法律では新しい領域である。著者は、DV防止法がなぜ必要か、根拠を明らかにするために、法学的な研究を続けてきた。本書は、この一〇年間に発表してきた文章を編集したものである。学問としての研究であるが、すんなりと読むことができる。ひとつには、現実に起きている問題と結びつけながら行われたという、研究の方法によるものであろう。もうひとつは、DVは性差別の問題であり、社会の問題として取り組まなければならないという、著者の強い信念が伝わってくるためだ。実践する学問の成果として、貴重な資料である。

2.

●日本DV防止・情報センター編　長谷川京子監修
朱鷺書房　2002年
2,400円

DV防止法活用ハンドブック―口語で読む

二〇〇一年一〇月、日本で初めてDV防止のための法律が施行された。本書はこの法律をフル活用するためにつくられた一味違う解説書である。編集したのはDV防止のための社会啓発、情報提供などを行う民間組織。法律の口語訳を始め、活用のポイント、被害者支援の活動報告、海外の情報、保護命令申立書の書き方など現場で役立つ情報が満載されている。男性問題に関わる市民グループの報告やアメリカの加害者更生プログラムなど、加害者への取り組みも見落とされていない。まさにDV問題の全領域を網羅する内容で、被害者支援の輪を広げたいという編者の熱意と気迫が伝わってくる。

3.

●内閣府男女共同参画局編
財務省印刷局　2002年
700円

配偶者からの暴力　相談の手引　―配偶者からの暴力の特性の理解と被害者への適切な対応のために

DVの被害者は、心身ともに傷ついている。それが職務関係者の配慮に欠ける言動によって、さらに傷を深めることがある。また、職務関係者は、被害者の安全の確保や秘密の保持など、被害者の人権を守らなければならない。本書は、暴力被害者の保護・支援にたずさわる職員の研修すべき内容をわかりやすくまとめている。DVの特異性を知り、十分理解したうえで、援助を行うことができる職務関係者を育成するための研修教材として活用したい。

4.

●日韓女性に対する暴力プロジェクト研究会編・発行
2001年

家庭内の「女性に対する暴力」防止に関する社会システム開発のための日本・韓国共同研究 (財)トヨタ財団1999／2000年度研究助成報告書

儒教的家族観が根強く残る韓国が、日本に先駆けて女性に対する暴力に関する法律を成立させていたことを意外に思う方は多いかもしれない。日本と韓国の女性に対する暴力の比較研究を行うことで、日本の法律や制度の立ち遅れている点がいっそう明確になった。

先んじて女性に対する暴力への取り組みをはじめた韓国から学ぶべきところは多い。文化や言葉が異なっても、DVが、女性たちの世界共通の問題であることを再認識させられる。

5.

●全国女性会館協議会編・発行
2002年

女性関連施設における相談員の研修についての調査 平成13年度文部科学省委嘱事業

女性施設の事業の中で、相談は、いまもっとも期待され、注目されている事業である。現場の相談員には、ジェンダーの視点や被害者を守り援助するためのノウハウ、相談員自身の健康が必要だが、現状ではそのための研修が十分に行われているとはいいがたい。本書は、現場の相談員のプロフィールや置かれている状況を明らかにし、相談事業の質を向上させ、相談員を育成・支援するために必要なことがらが何かを分析している。相談員研修を企画するにあたって参考になる資料だ。

ビデオ 6.

●アンドレア・エロブソン監督
(財)横浜市女性協会日本語版制作

1997年　35分　アメリカ
個人価格5,000円（L価格25,000円）

ドメスティック・バイオレンスにどう取り組むか～親指のルールを打ち破って

〝親指のルール〟とは、夫は、親指より細いものであればムチなどの器具を使って妻をたたいてもよいという古いイギリスの慣習法から生まれた表現。このビデオは、夫から暴力を受けていた女性やDV被害者を支援するNGO関係者、裁判官、あるいはかつて暴力を振るっていた男性などへのインタビューを通じて、アメリカにおけるDVへの取り組みを描いたドキュメンタリーである。DVの背景にある妻への暴力を容認してきた社会のあり方や、個人的な問題とみなされてきたDVが裁判でどのように扱われているかなどがわかり、日本における取り組みを考えるうえでも参考になる。

ビデオ 7.

●日本経済新聞社企画・制作
野原蓉子監修

1999年　35分
38,000円

セクハラ相談　応対の基本

苦情処理機関など相談窓口の対応には、相談者の気持ちを大切にすることと問題解決をスムーズにすすめるためのヒアリングを行うことの両方が求められる。このビデオでは、ドラマの相談場面にそって、相談員の基本的な心がまえや相談対応の進め方などが具体的に描かれ、相談者の気持ちを尊重する姿勢を貫くことが、いかに大切かが繰り返される。また、加害者からのヒアリングの事例も取り上げている。内容はセクハラ相談だが、セクハラ以外の相談の対応にも共通する部分が多いだろう。女性センター職員として、利用者対応の基礎を改めて確認するためにも役に立ちそうだ。

編集後記

●男女共同参画社会基本法や自治体の条例，DV 防止法が施行され，それにしたがって，男女共同参画推進にかかわる苦情処理機関や DV 相談支援センターの機能を担う女性施設が増えてきました。
『女性施設ジャーナル』8号では，そうした現状を踏まえ，総論で，前述の2つの機能についてできるだけわかりやすくまとめました。他にも，好評の『ズバリ・インタビュー』や米国での DV に対する NPO の新しい取り組みなど読み応えのある情報が満載です。

弊誌は，「女性施設に関する情報誌」を目指して，1995年に創刊しました。「変化する時代のなかで女性施設はどのような役割を果たすべきかを見定め，女性施設同士が協力して事業展開できるよう，女性関連施設で働く職員の意見交換の場」としたい，という当時の想いは今も変わることはありません。

しかし，今号をもって，いったん役目を終えることになりました。少しでも当初の目的を果たせたとすれば幸いです。長い間ご愛読いただきありがとうございました。　（服部）

●『女性施設ジャーナル』はたくさんの皆様の手にささえられ，本号まで発行して参りました。創刊号から3号まで編集委員をつとめてくださった方々，お忙しい中スケジュールを調整して座談会や対談に参加し，熱心な議論を展開してくださった皆様，原稿依頼に快く応じてくださった寄稿者の皆様，取材に応じてくださった皆様，ほかにもほんとうに多くの方々が，この本に愛情と情熱を傾けてくださいました。何らかの形で女性施設にかかわってこられた皆様それぞれに共通することは，自分のしごと，今やっていることに，自信と誇りをもっているということだと感じました。そんな皆様が『女性施設ジャーナル』に登場してくださったことが，編集に携わった者として何よりも心強く，光栄なことでした。

この本を手にとってくださった全国の読者の皆様，これまで『女性施設ジャーナル』をささえてくださったすべての皆様に心よりお礼申し上げます。　（樋口）

㈶横浜市女性協会『女性施設ジャーナル』編集担当

女性施設ジャーナル⑧〈2003年版〉

2003年３月24日——印刷
2003年３月29日——発行

編集——㈶横浜市女性協会 ©2003
神奈川県横浜市西区みなとみらい2-2-1-1フォーラムよこはま
☎045-224-2000　〒220-8113

発行者————光行淳子
発行所————学陽書房
東京都千代田区飯田橋1-9-3　〒102-0072
編集☎03-3261-1112　FAX03-5211-3301
営業☎03-3261-1111　FAX03-5211-3300
振替00170-4-84240

装丁・本文レイアウト——笠井亞子

印刷・亨有堂印刷所／製本・小高製本

乱丁・落丁本は，送料小社負担にてお取り替えいたします。

ISBN4-313-16108-2 C1031